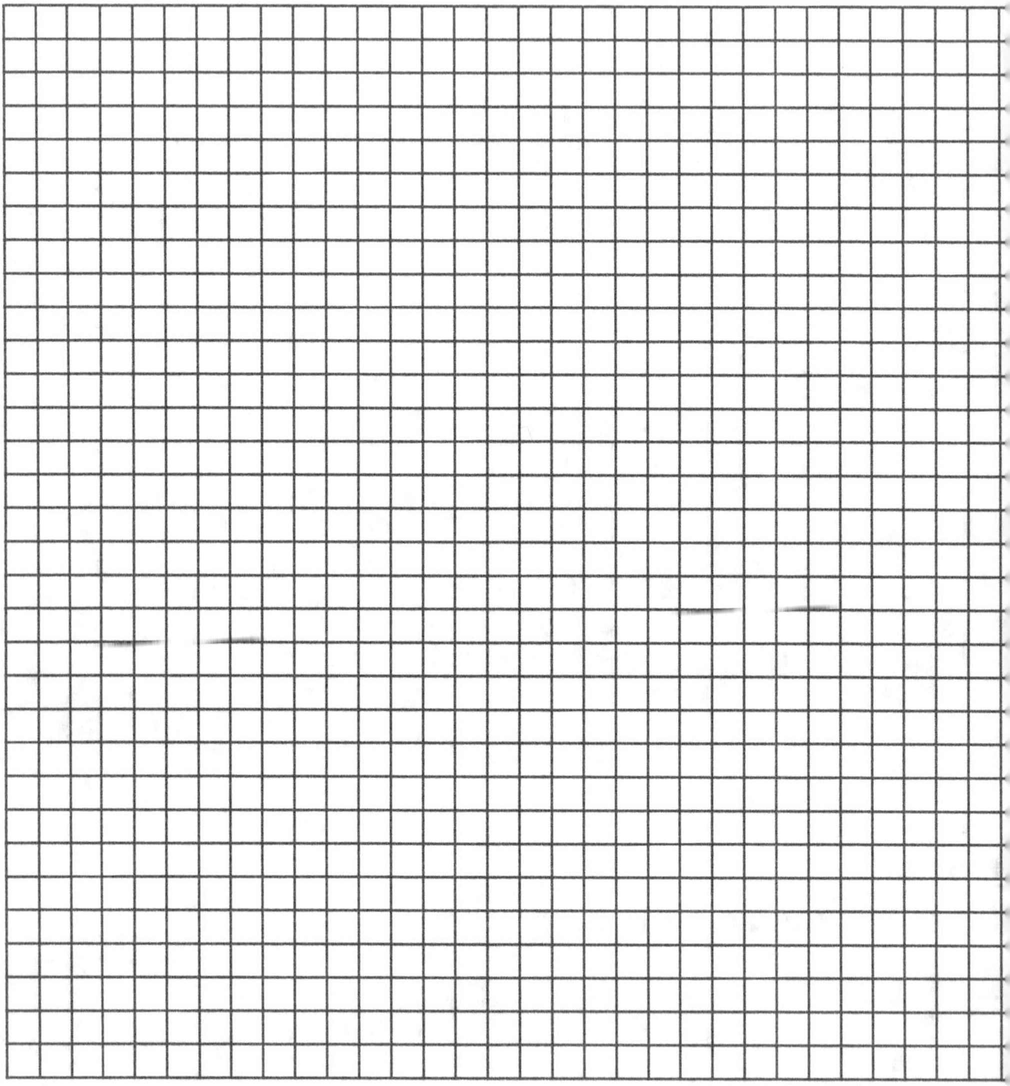

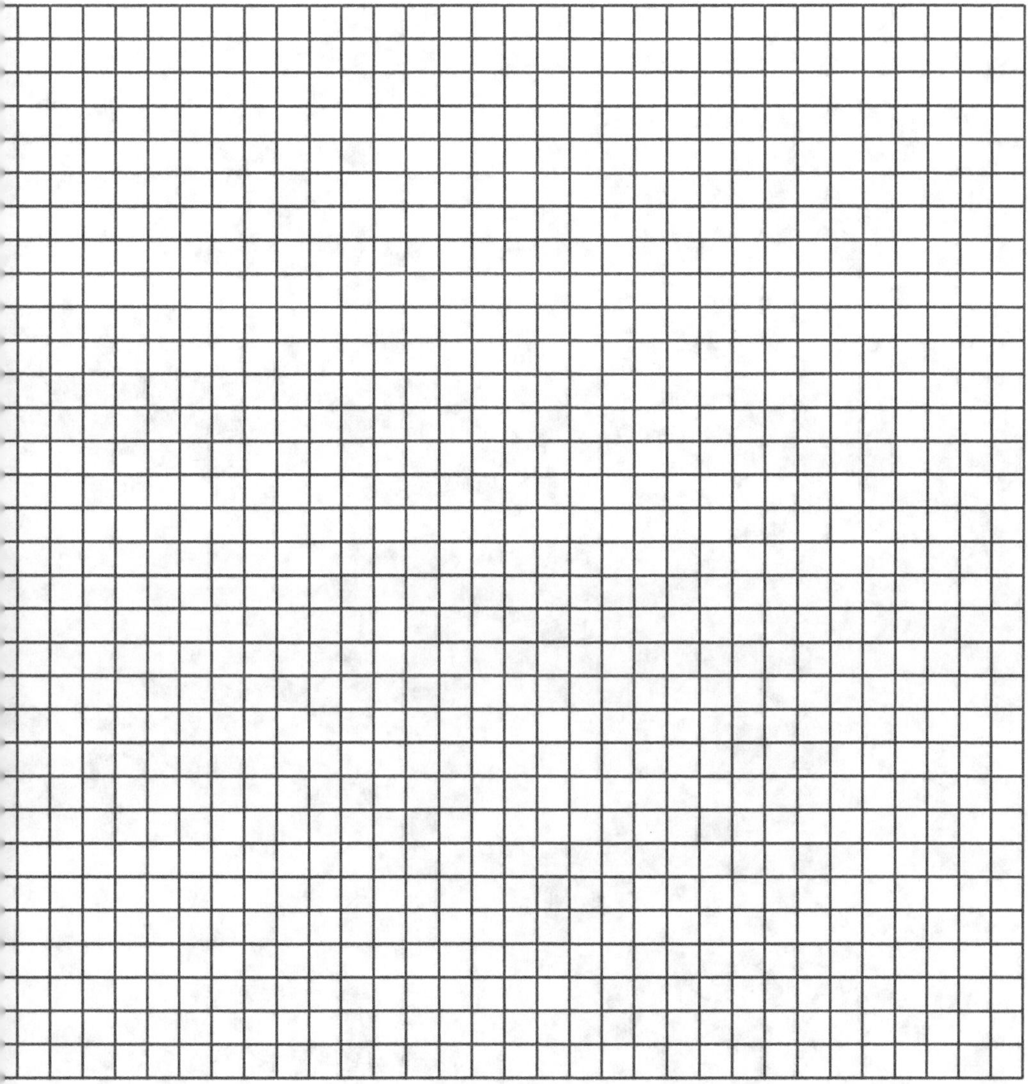

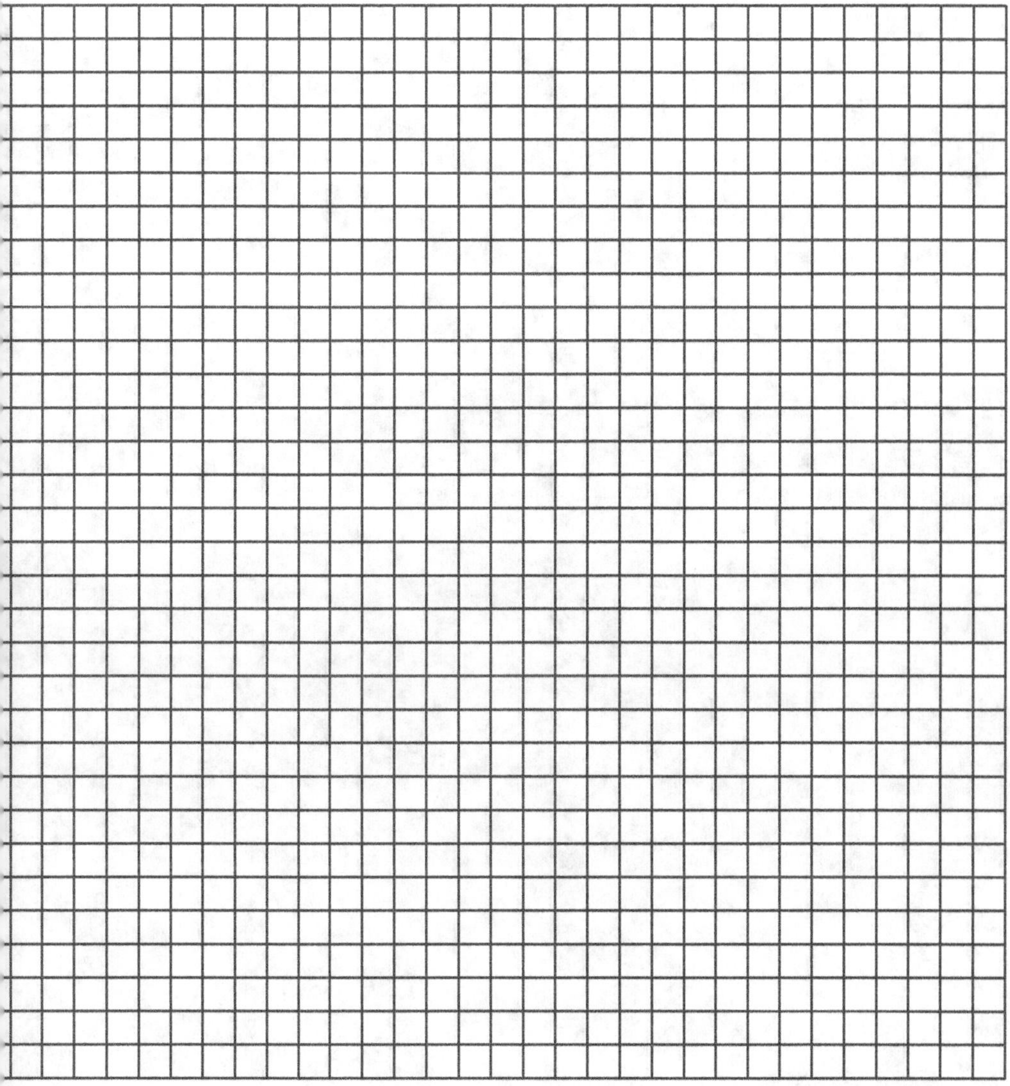

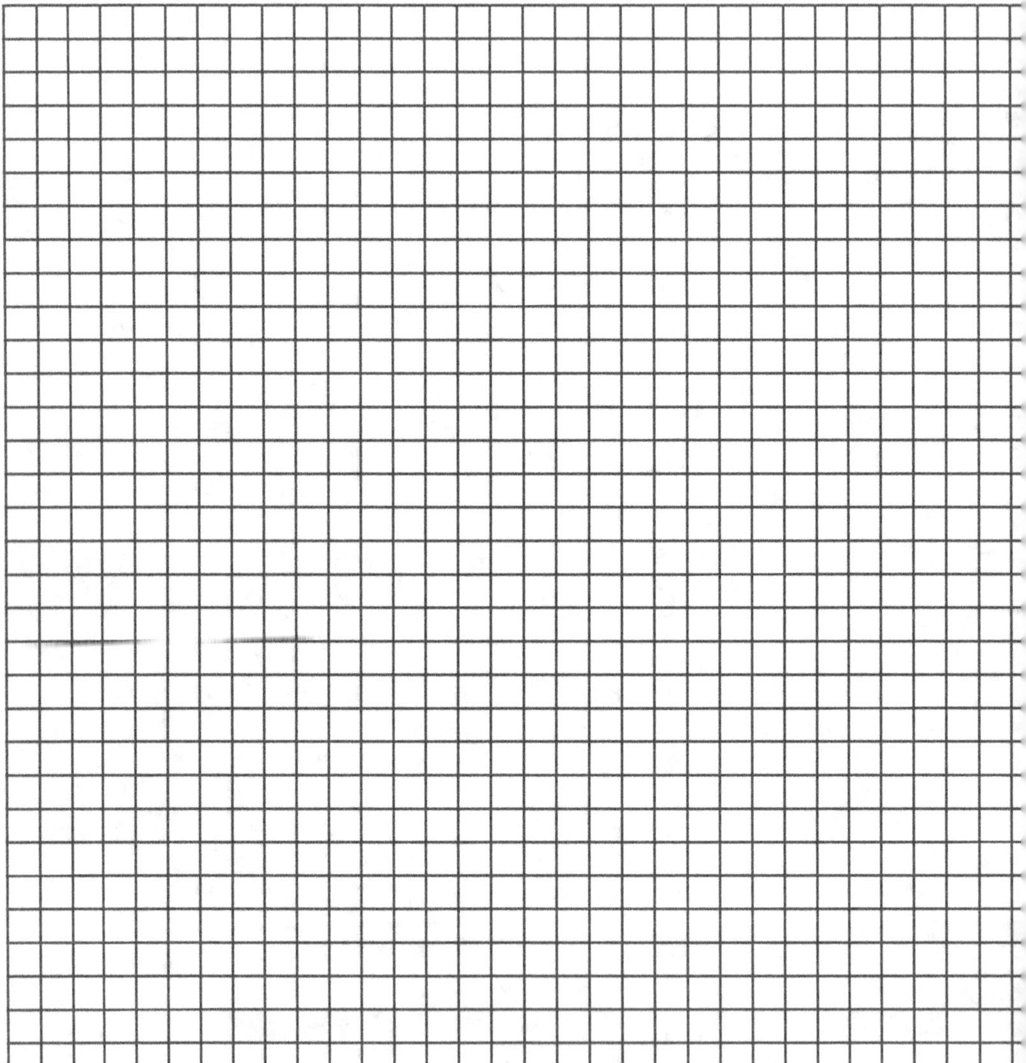

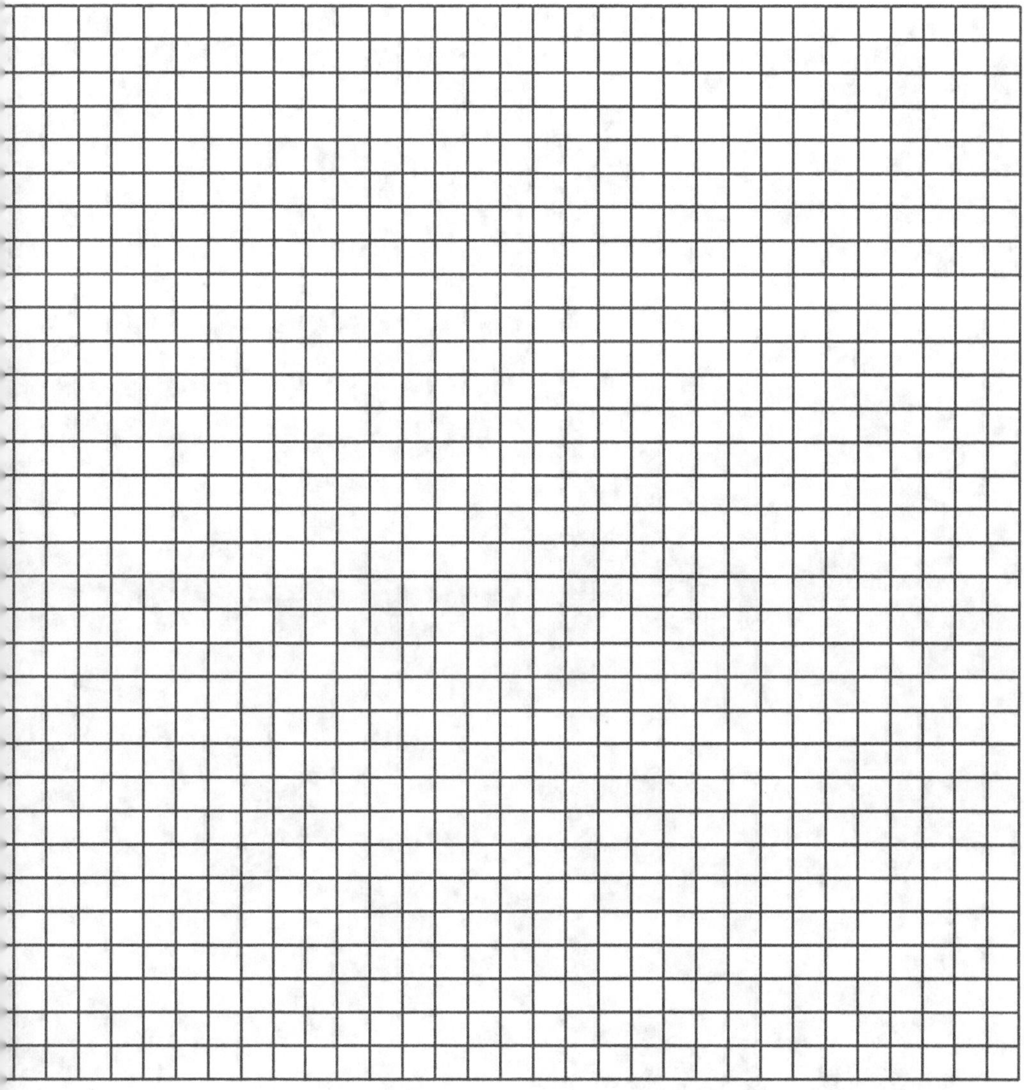

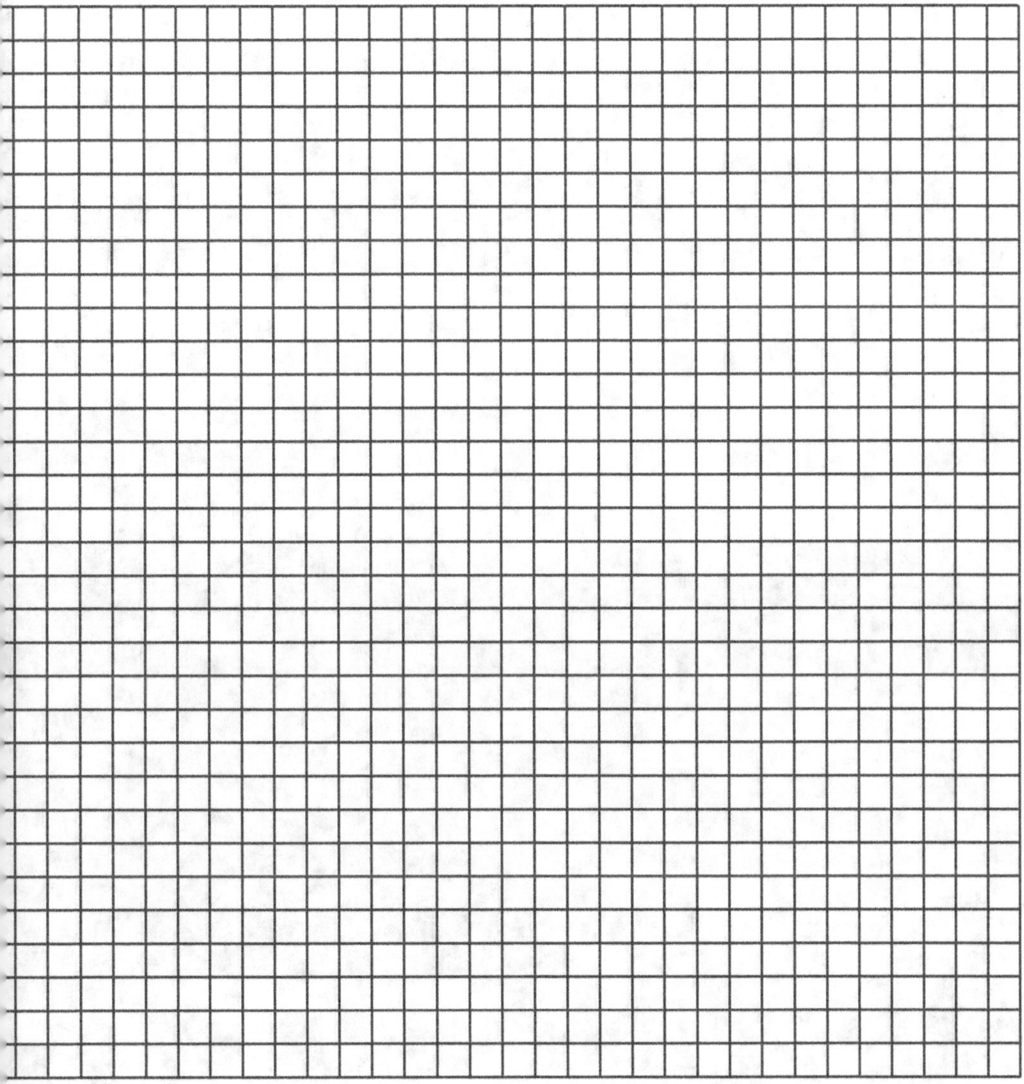

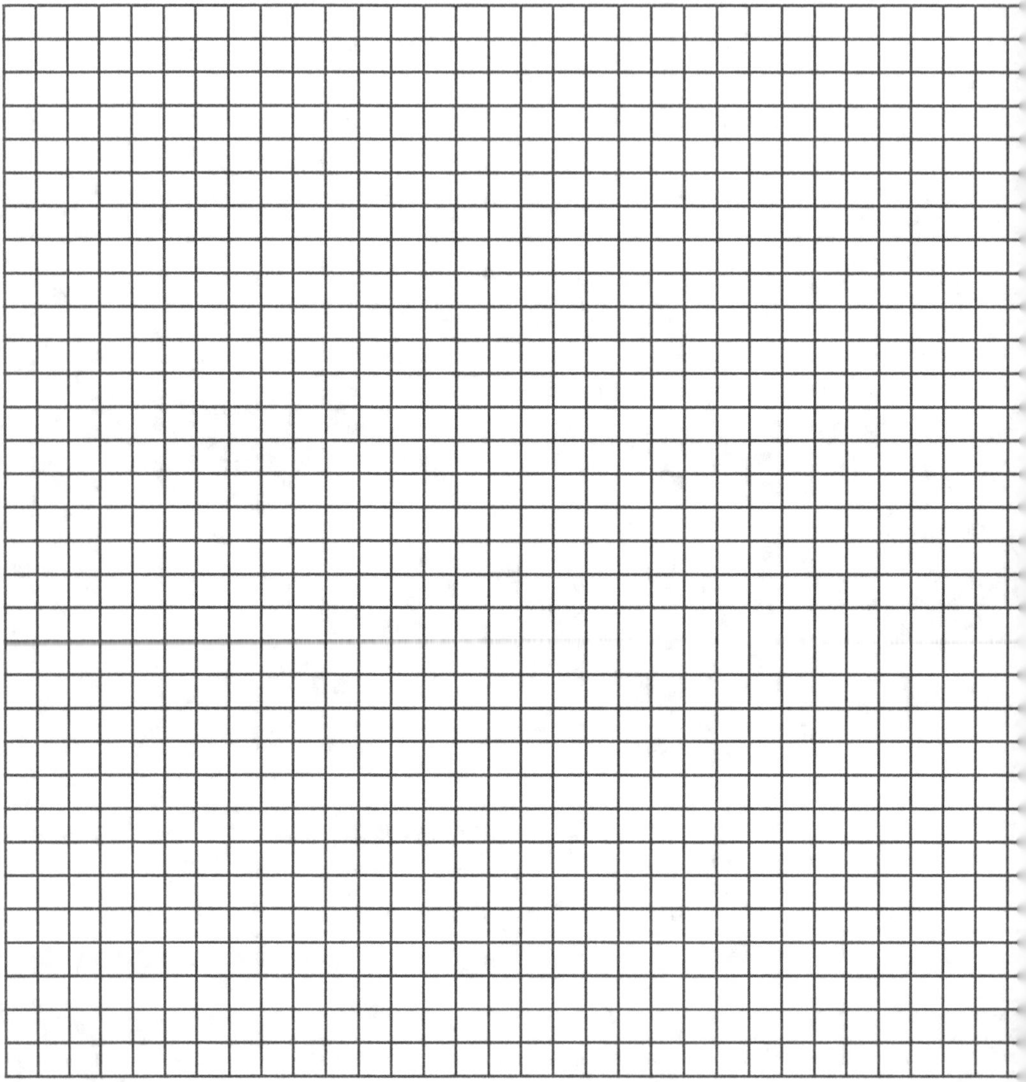

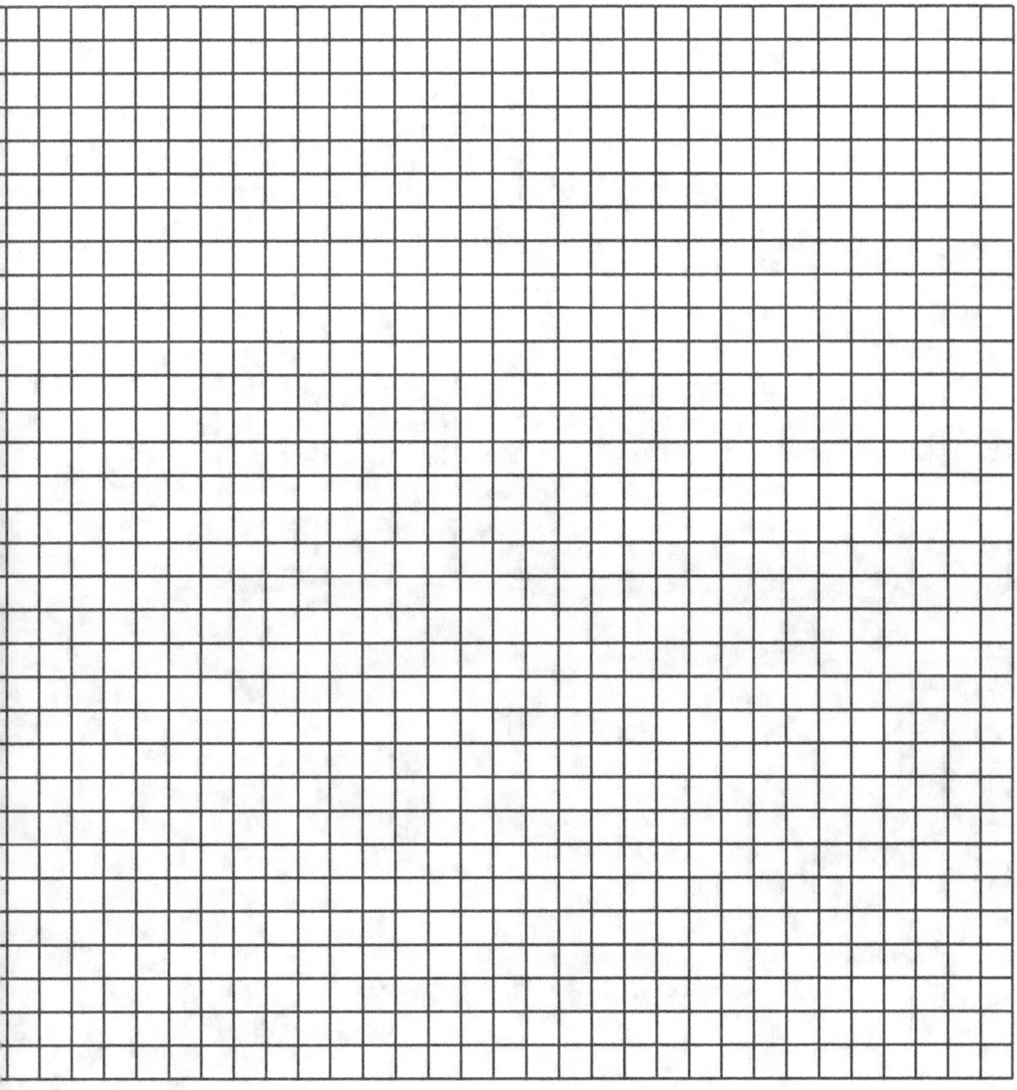

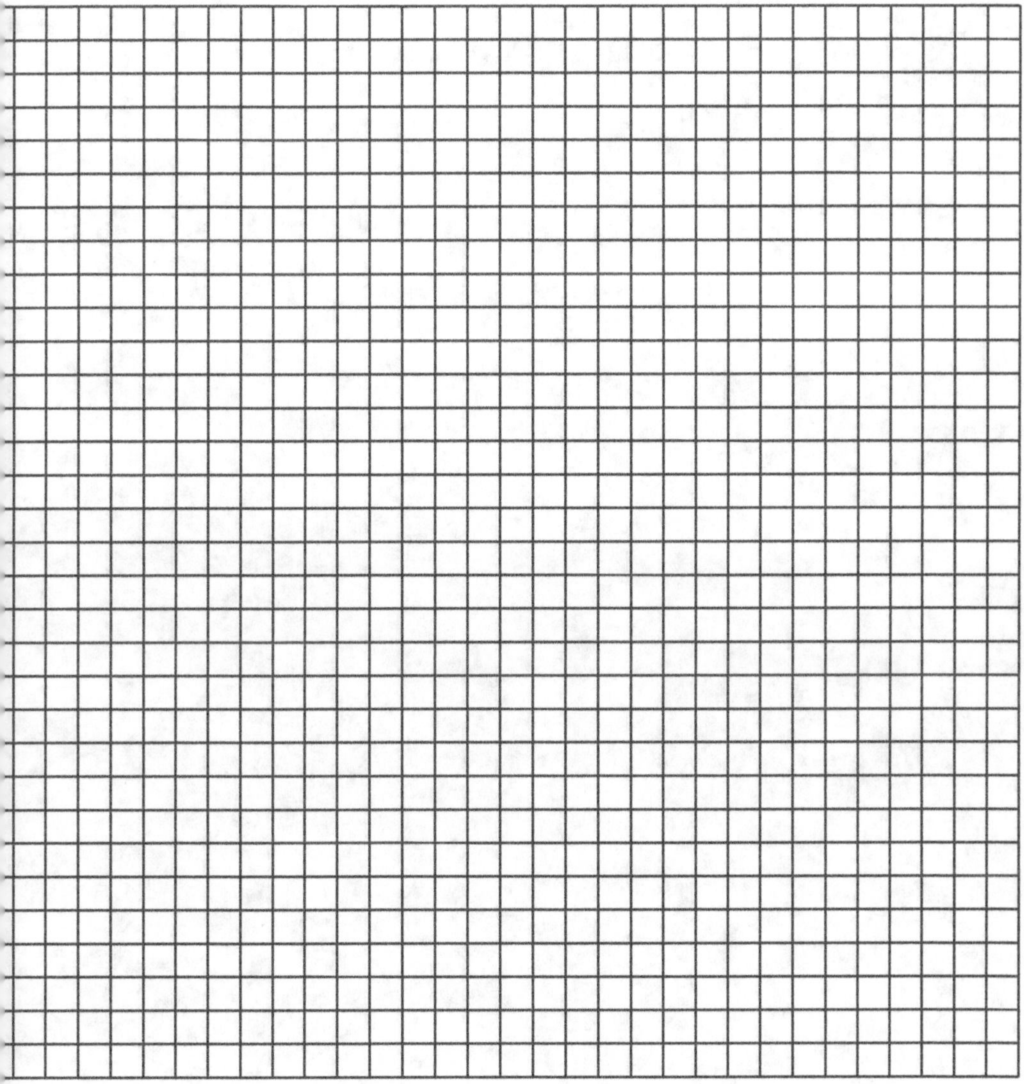

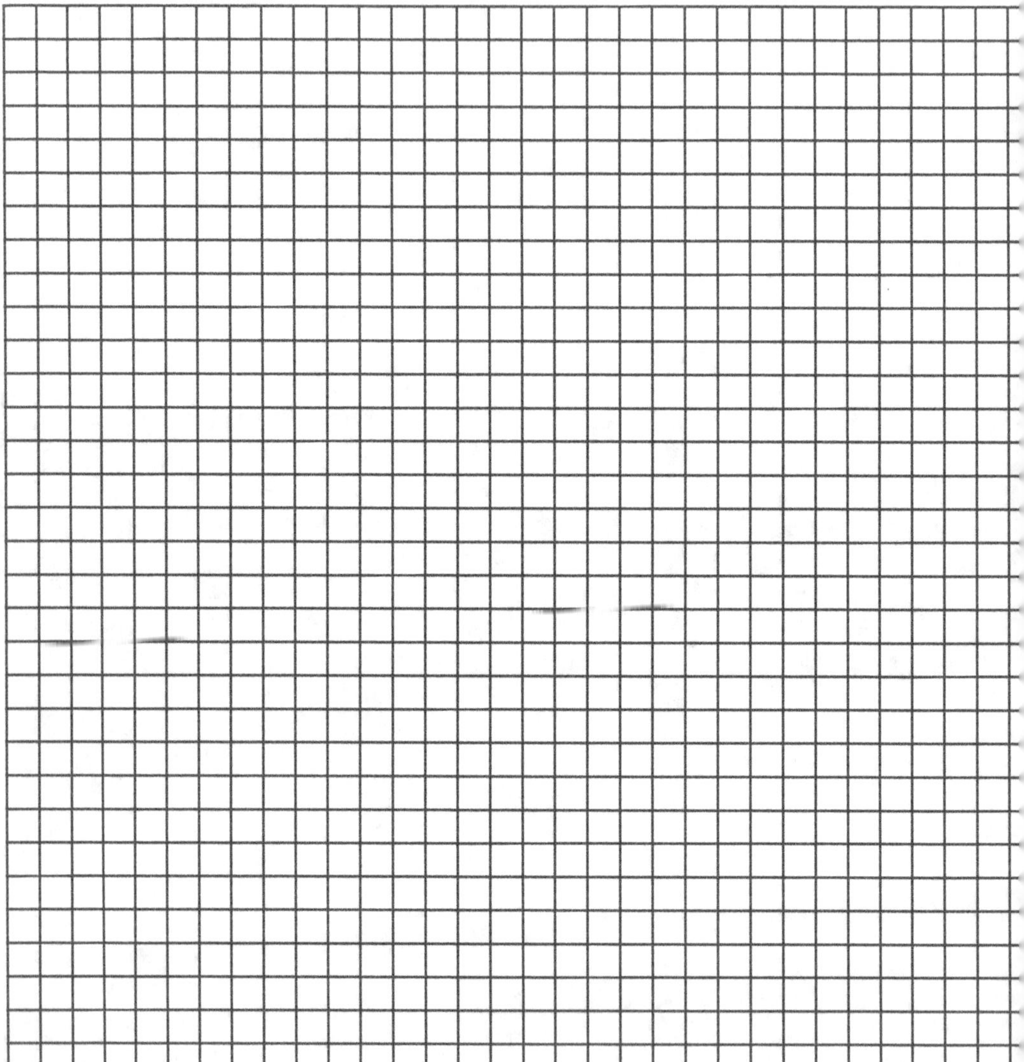

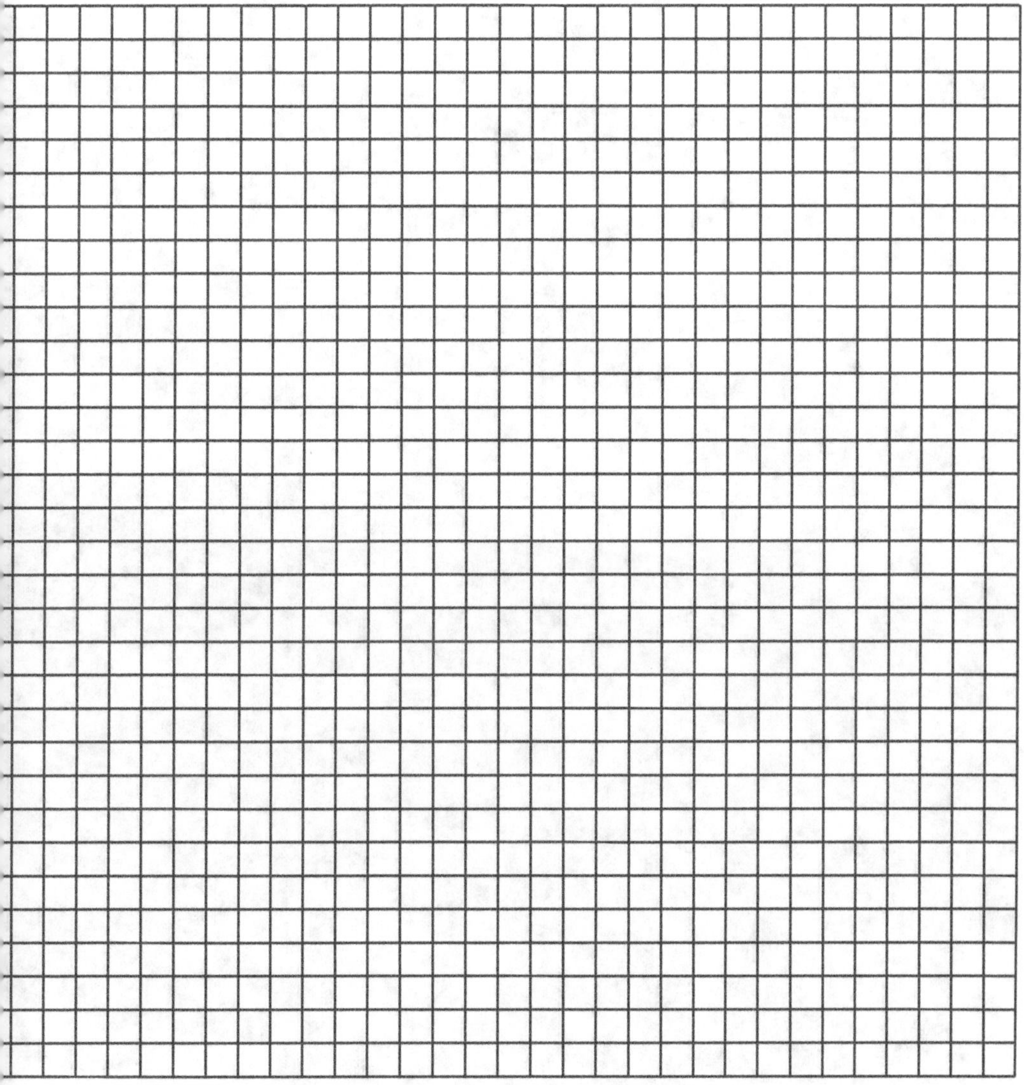

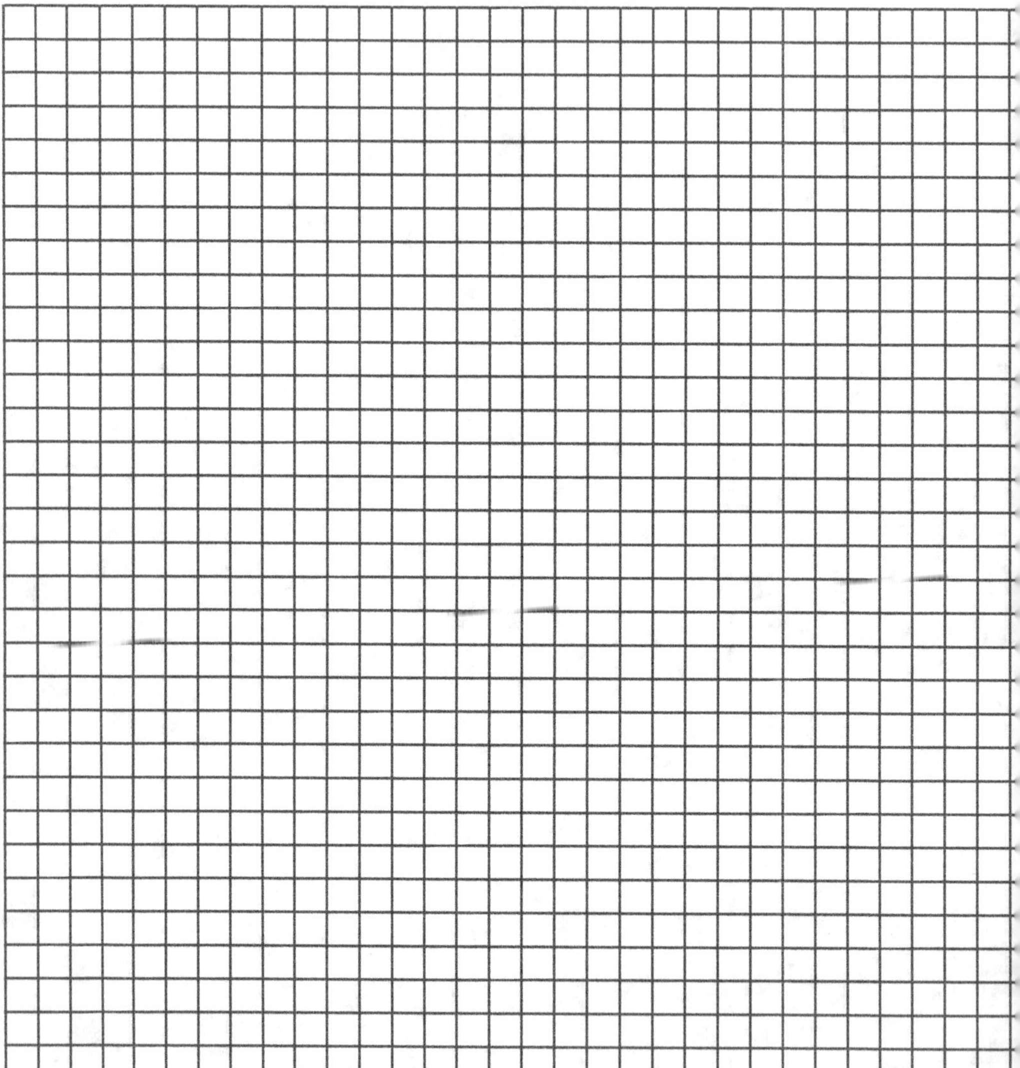

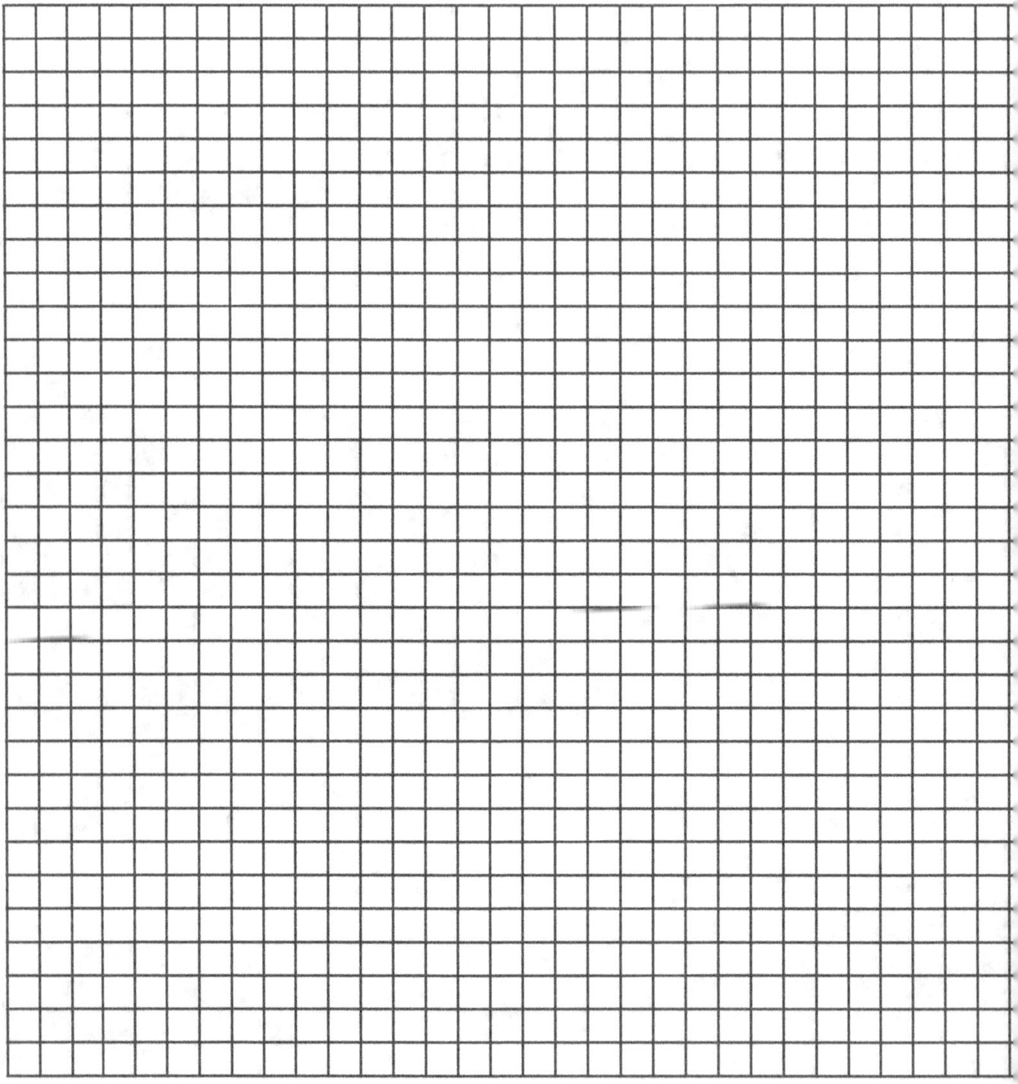

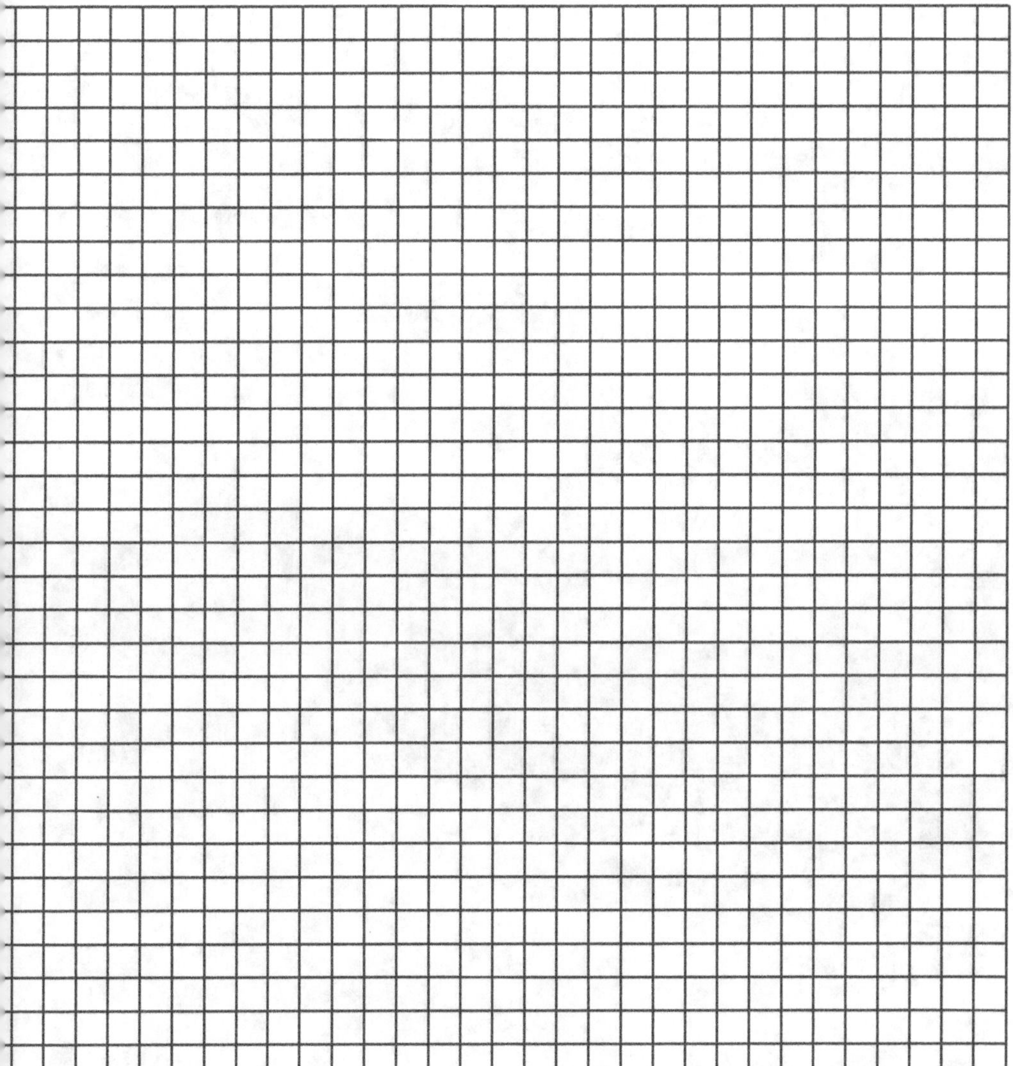

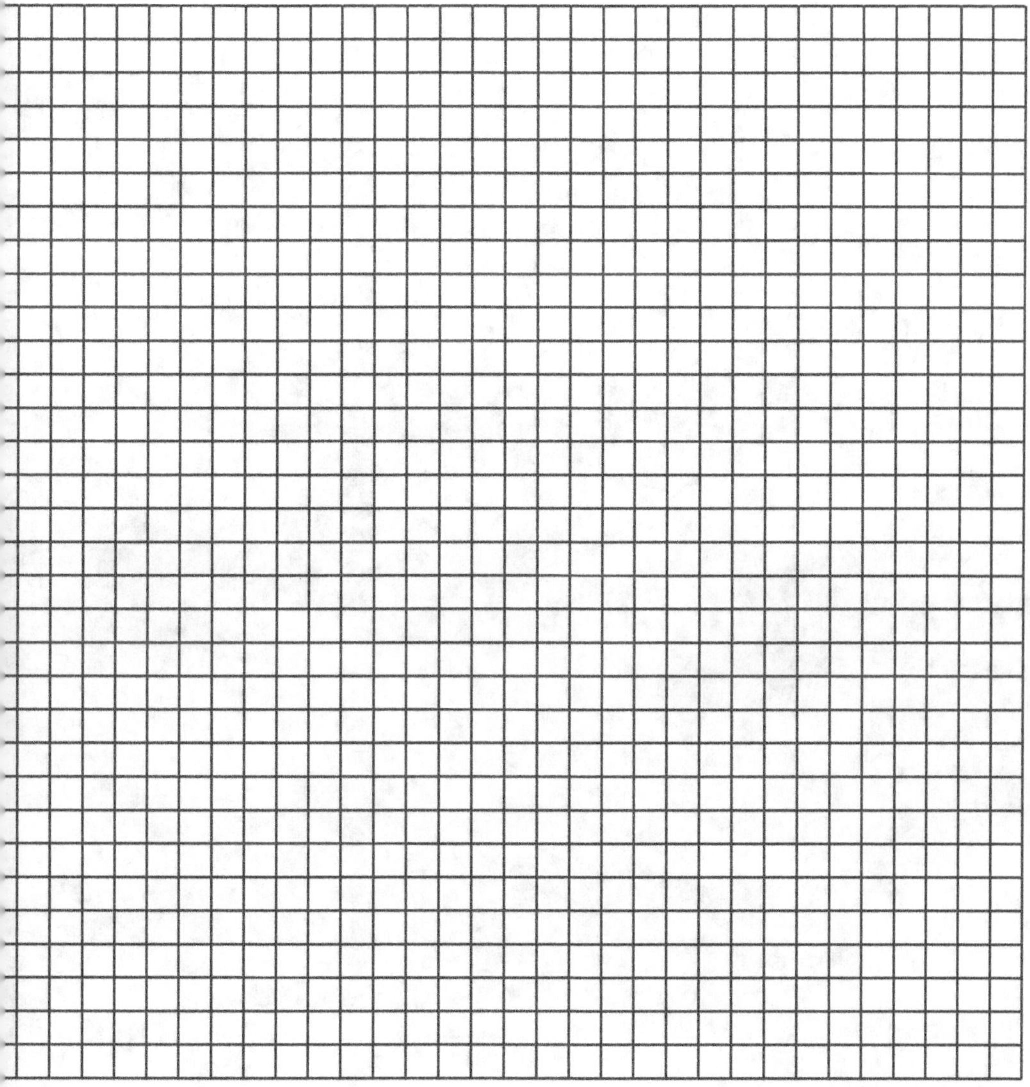

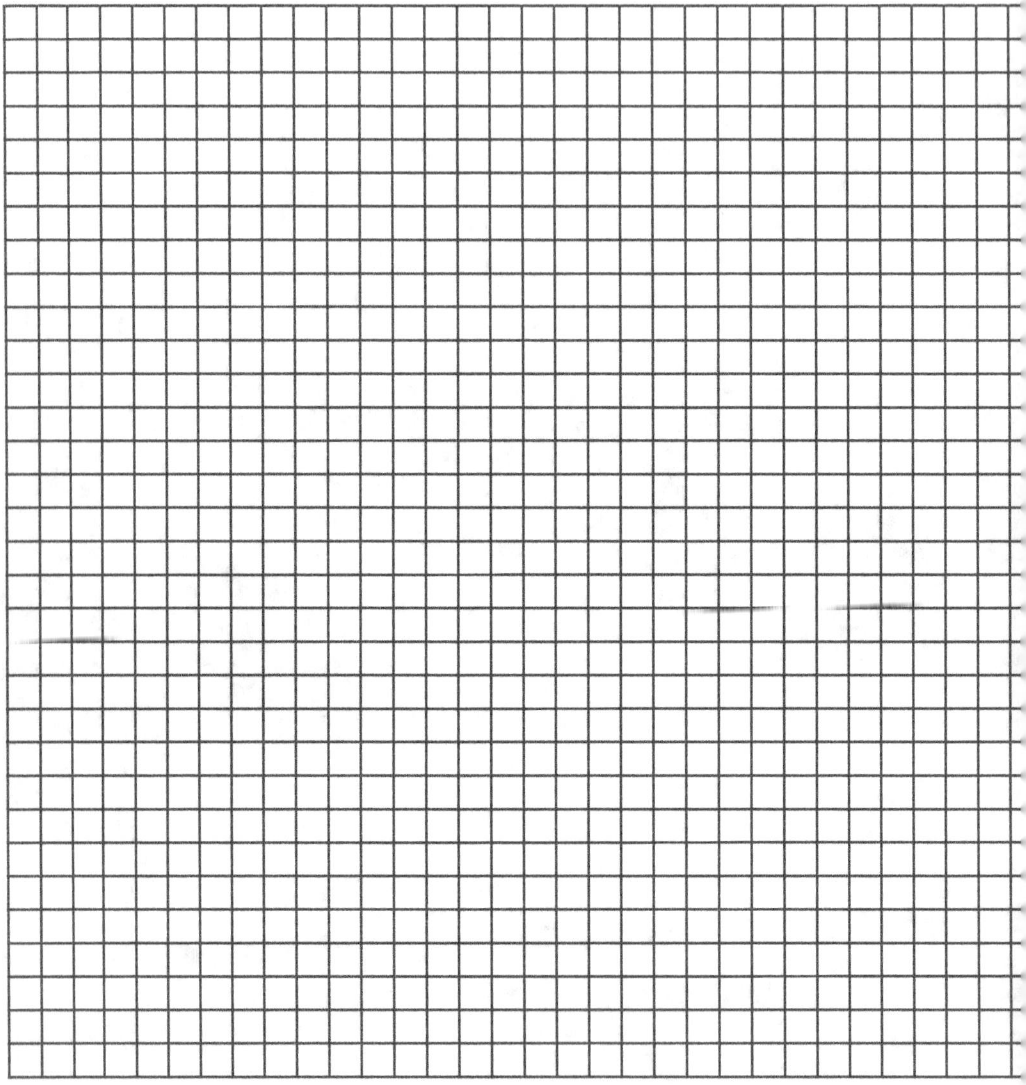

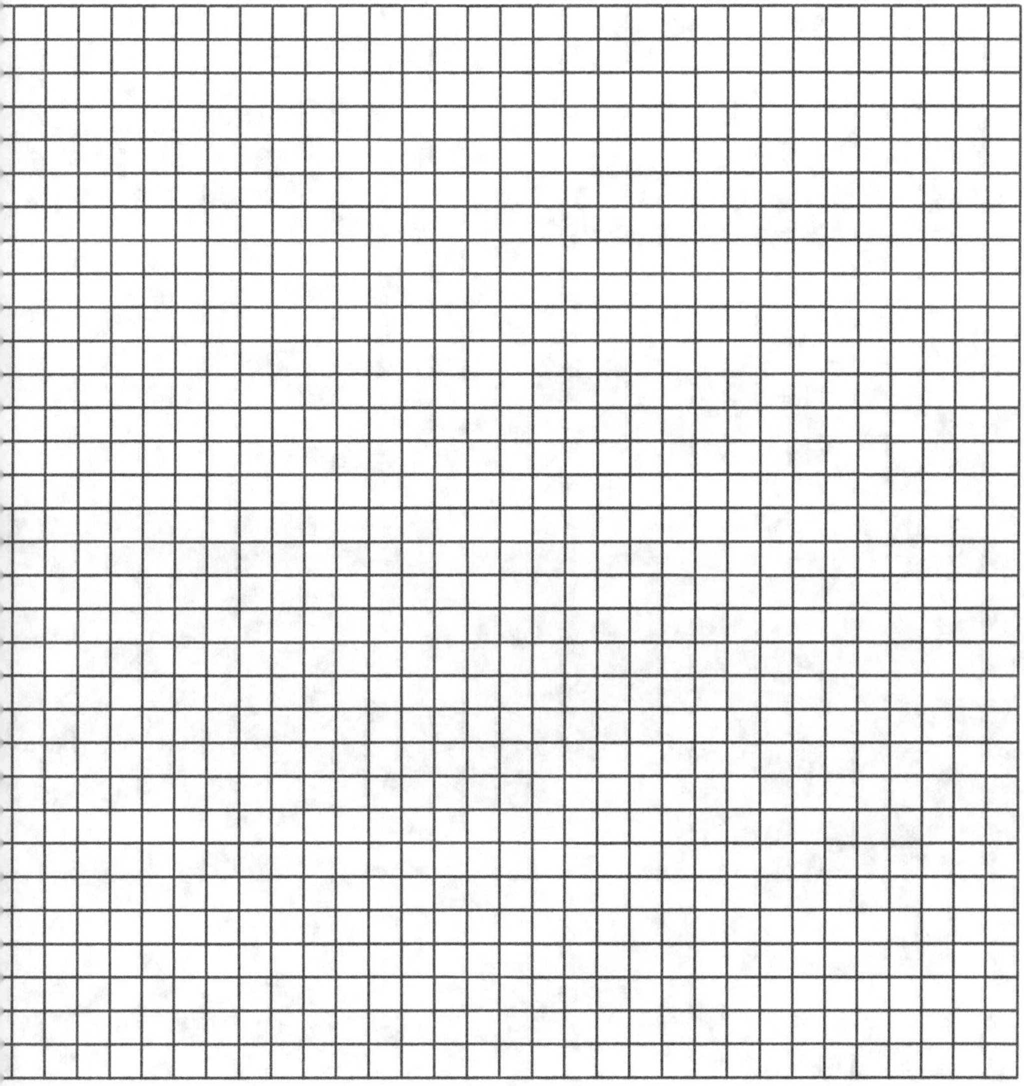

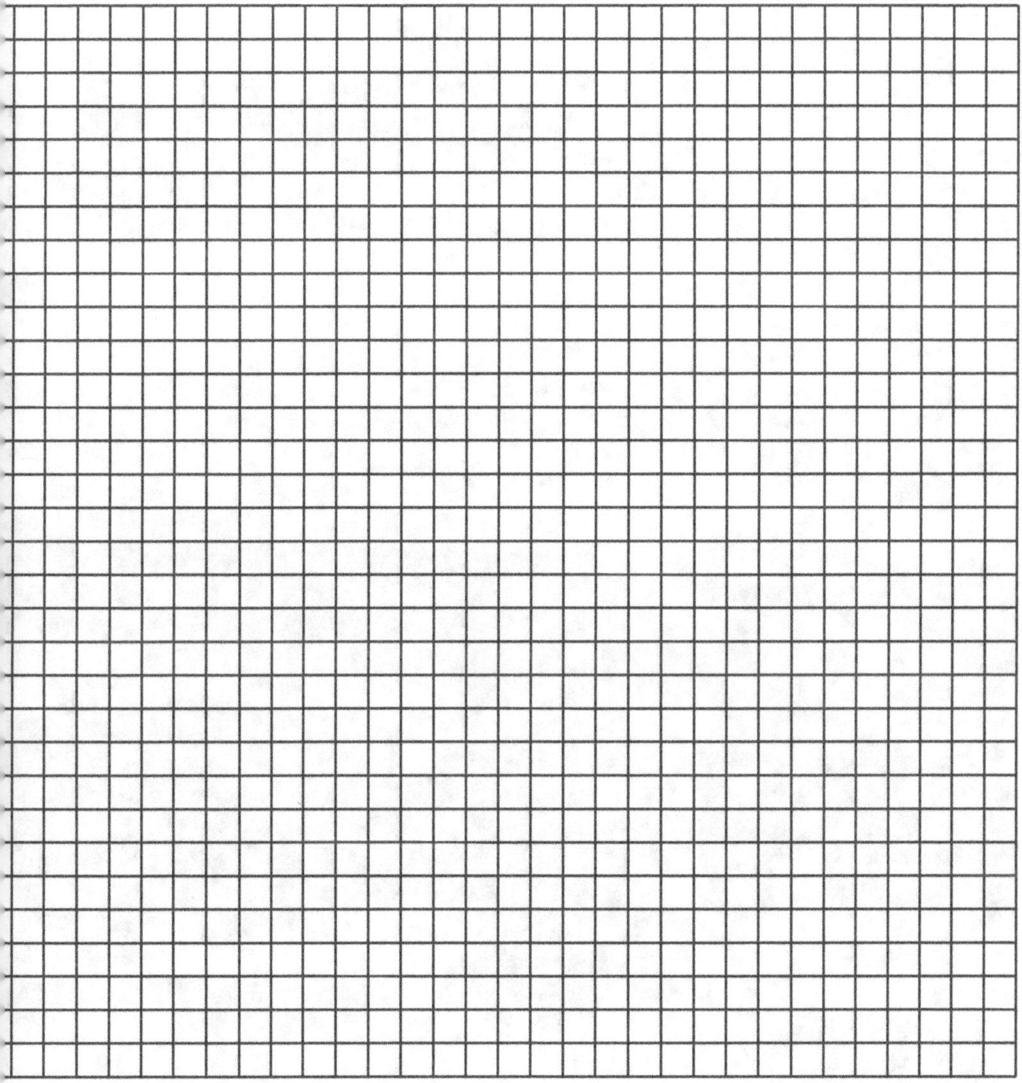

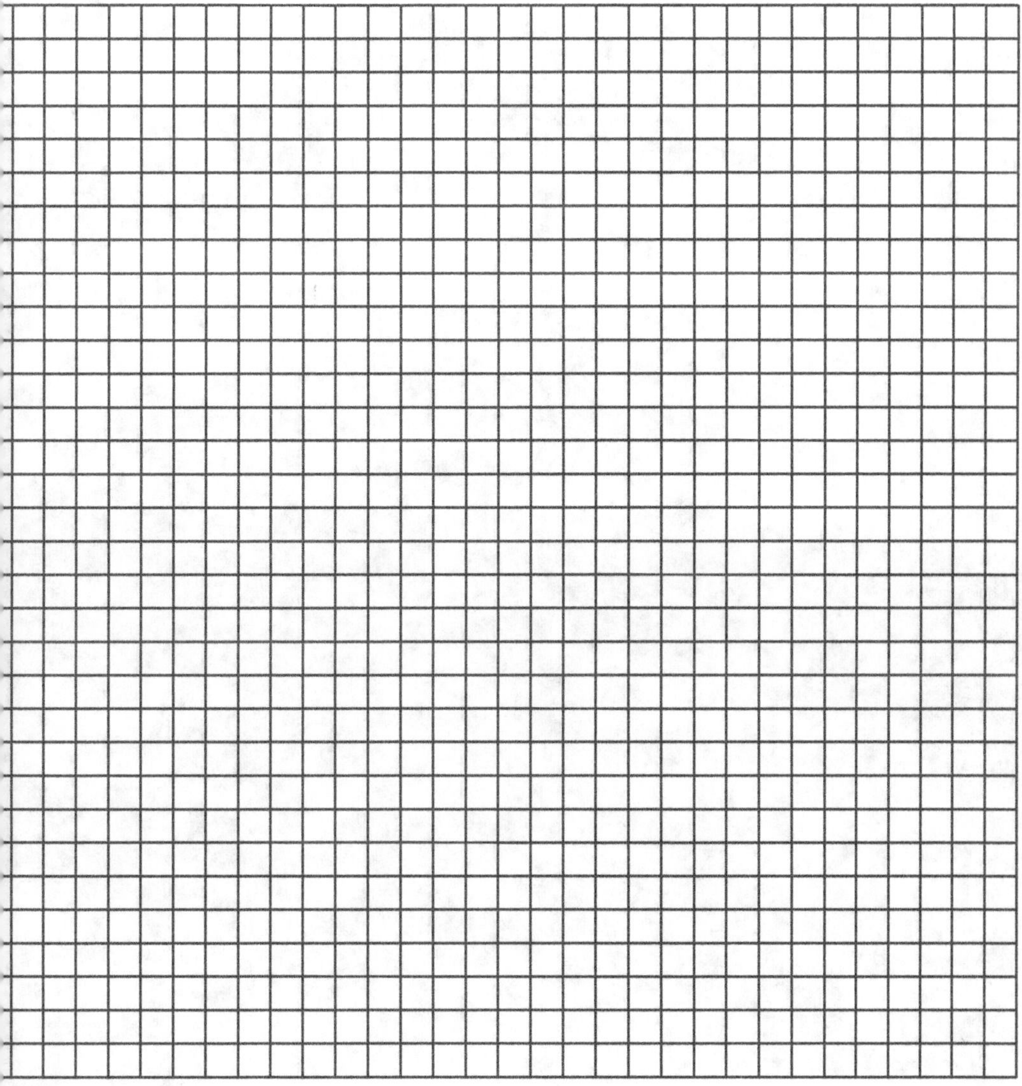

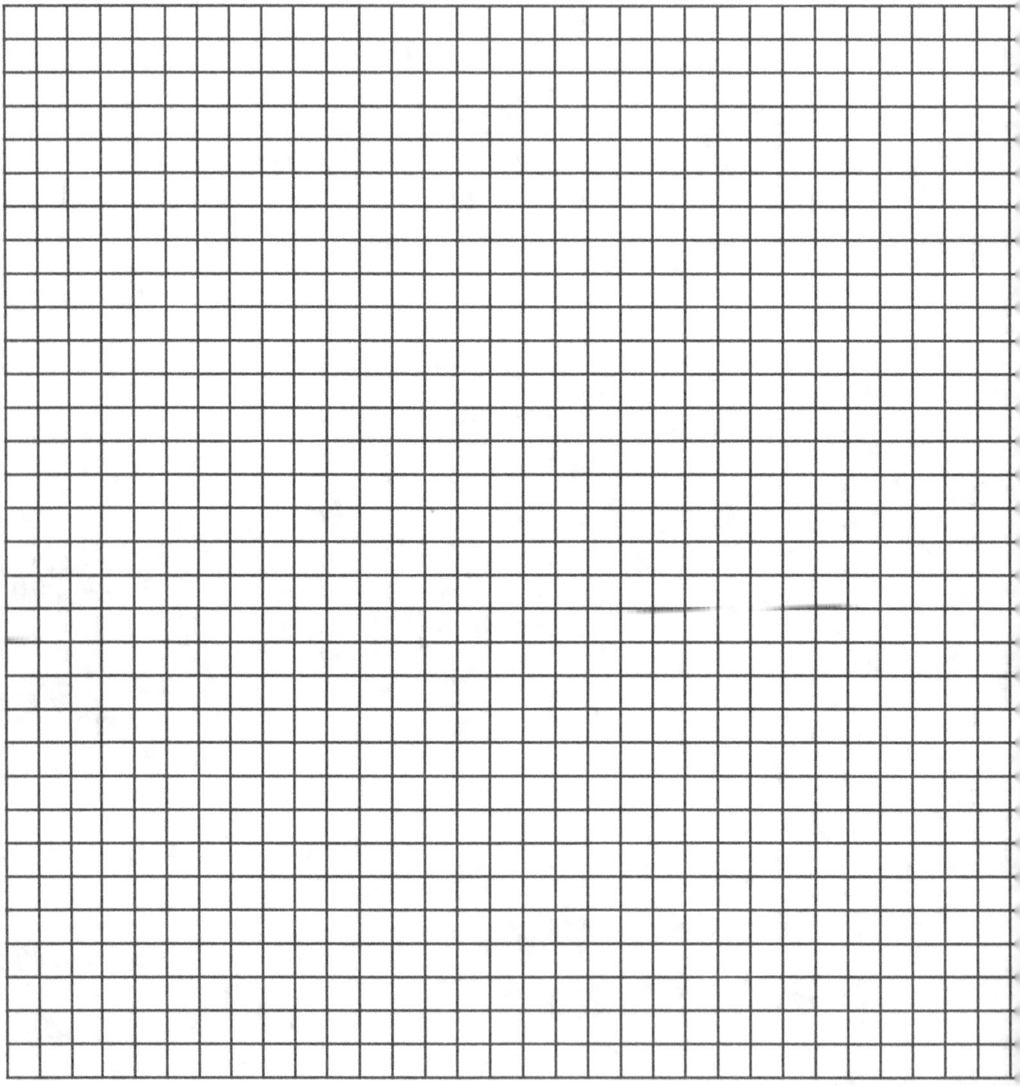

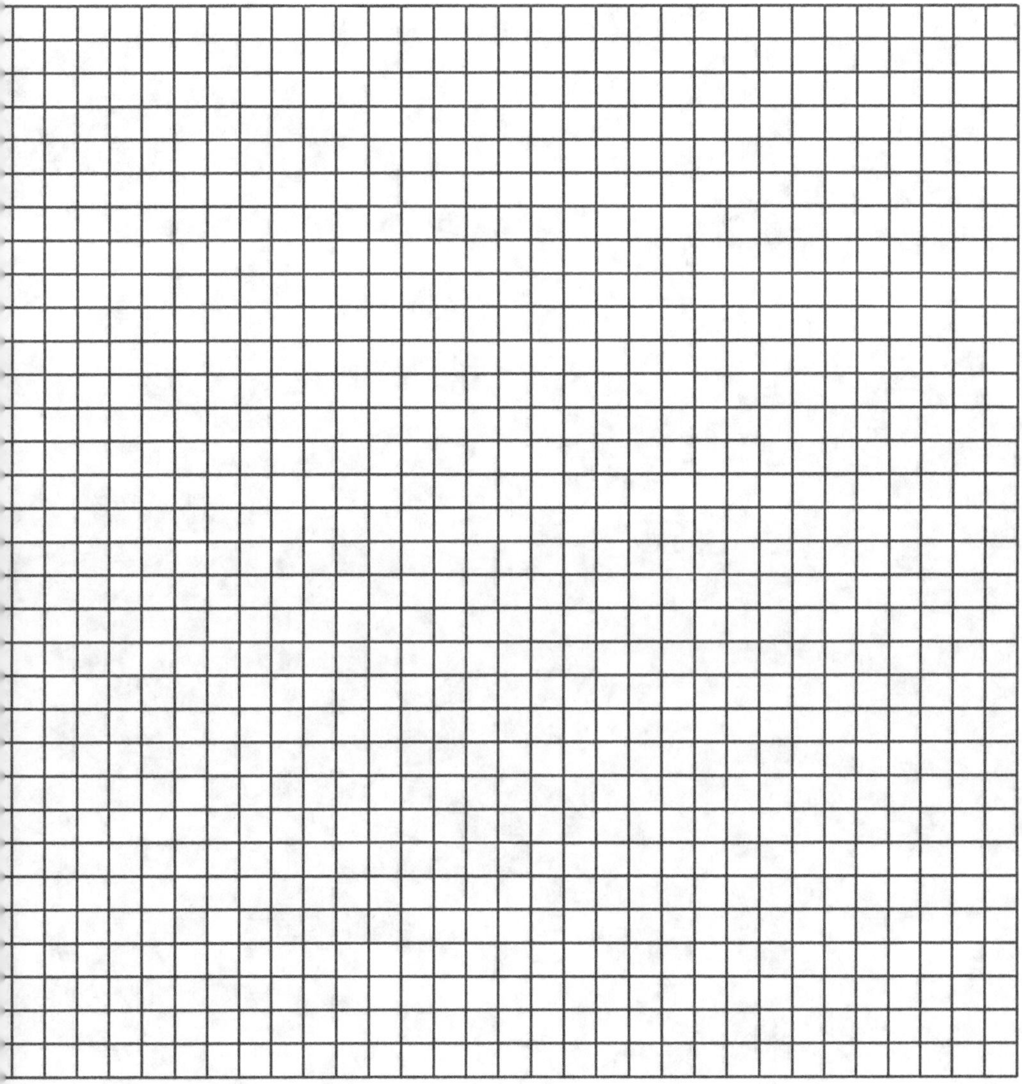

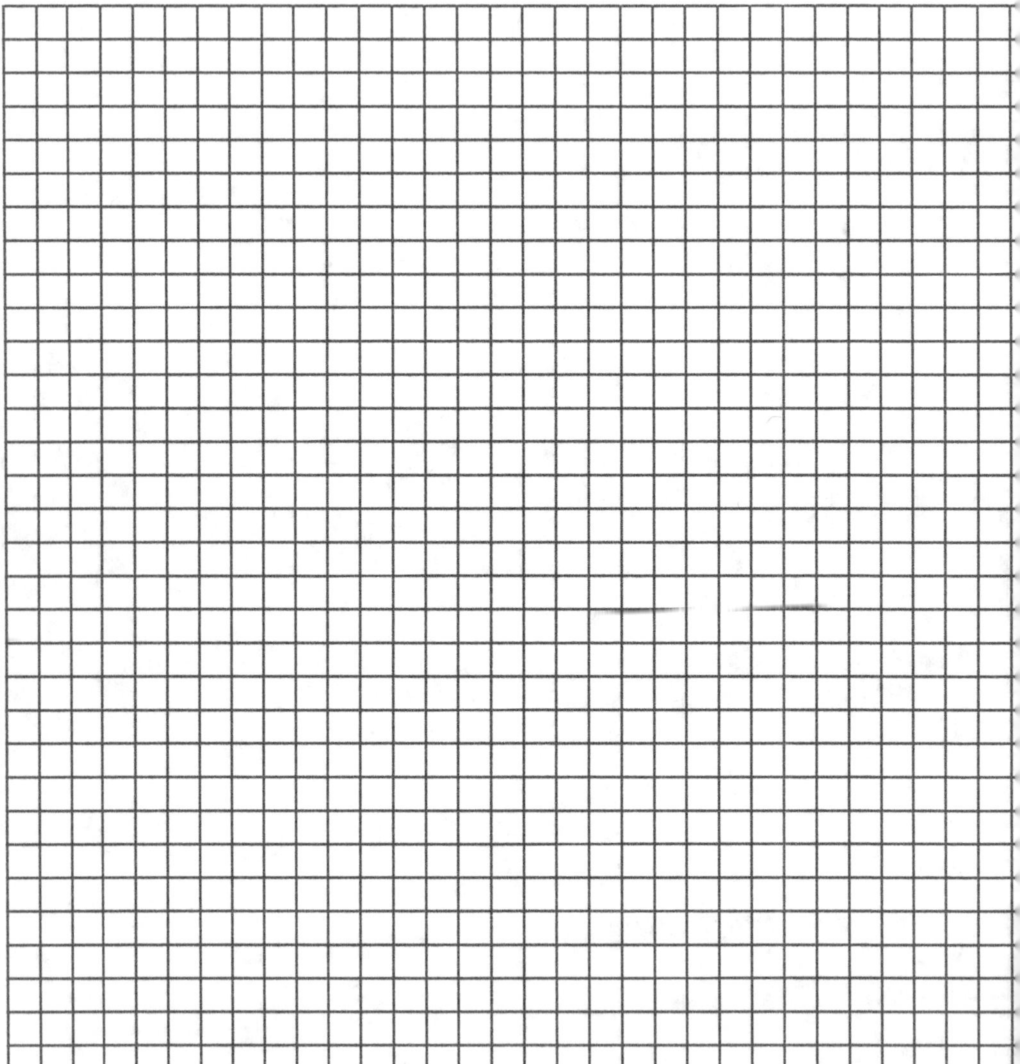

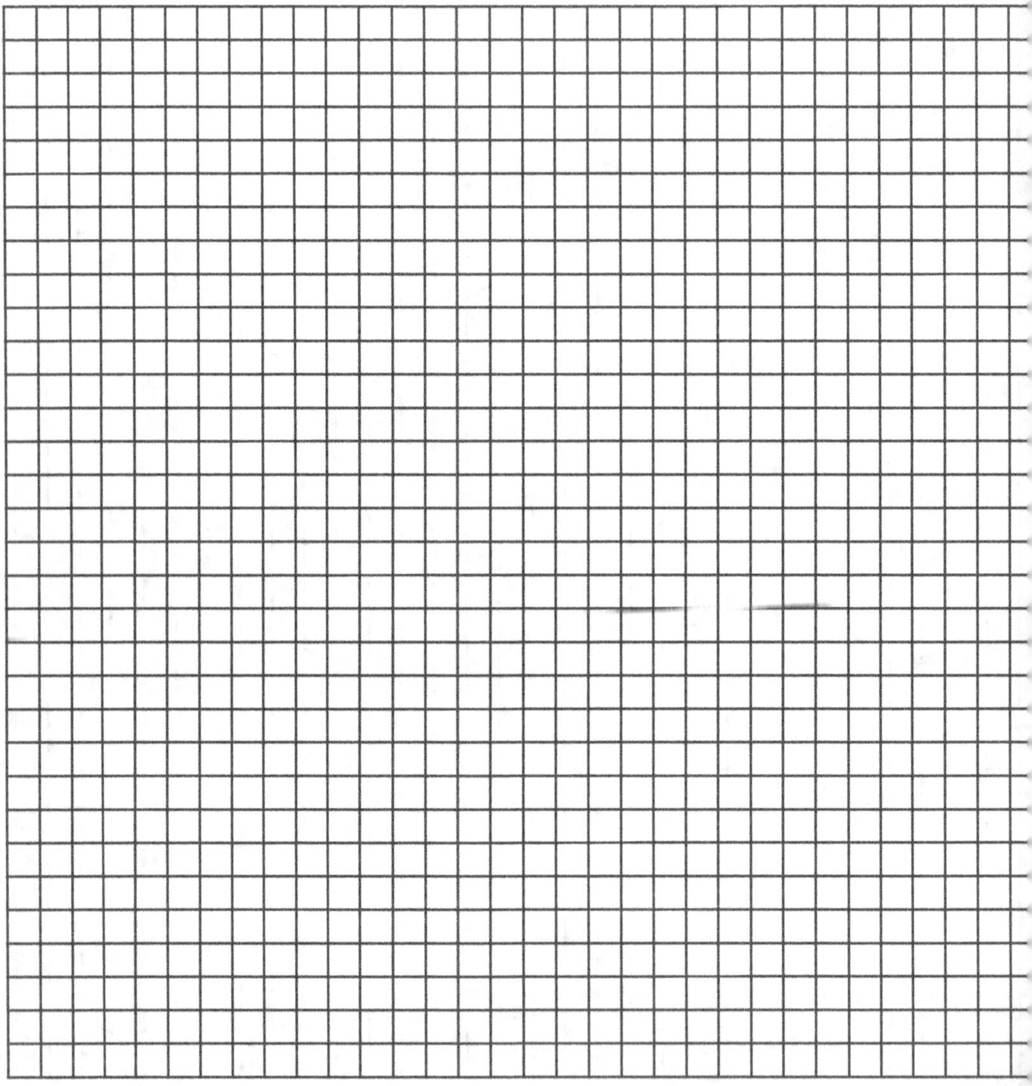

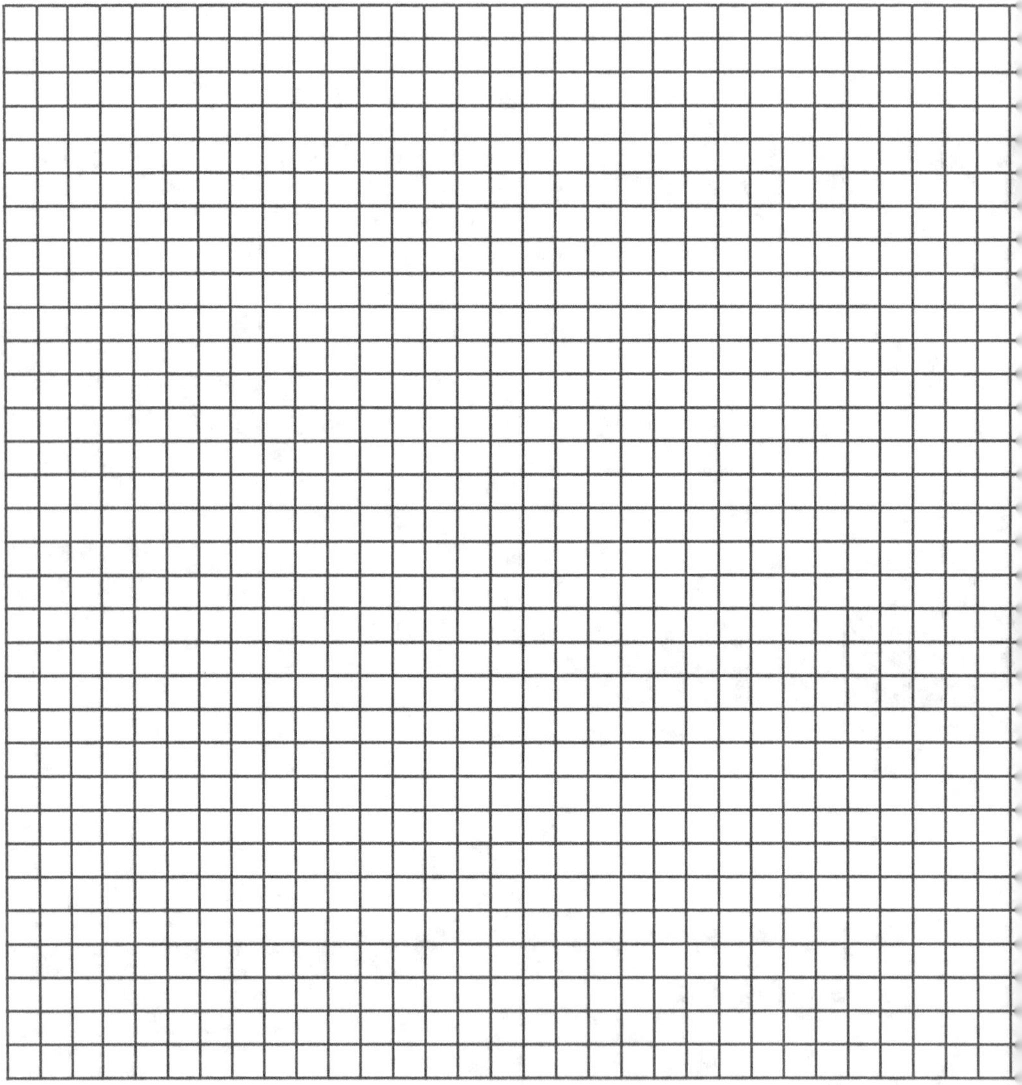

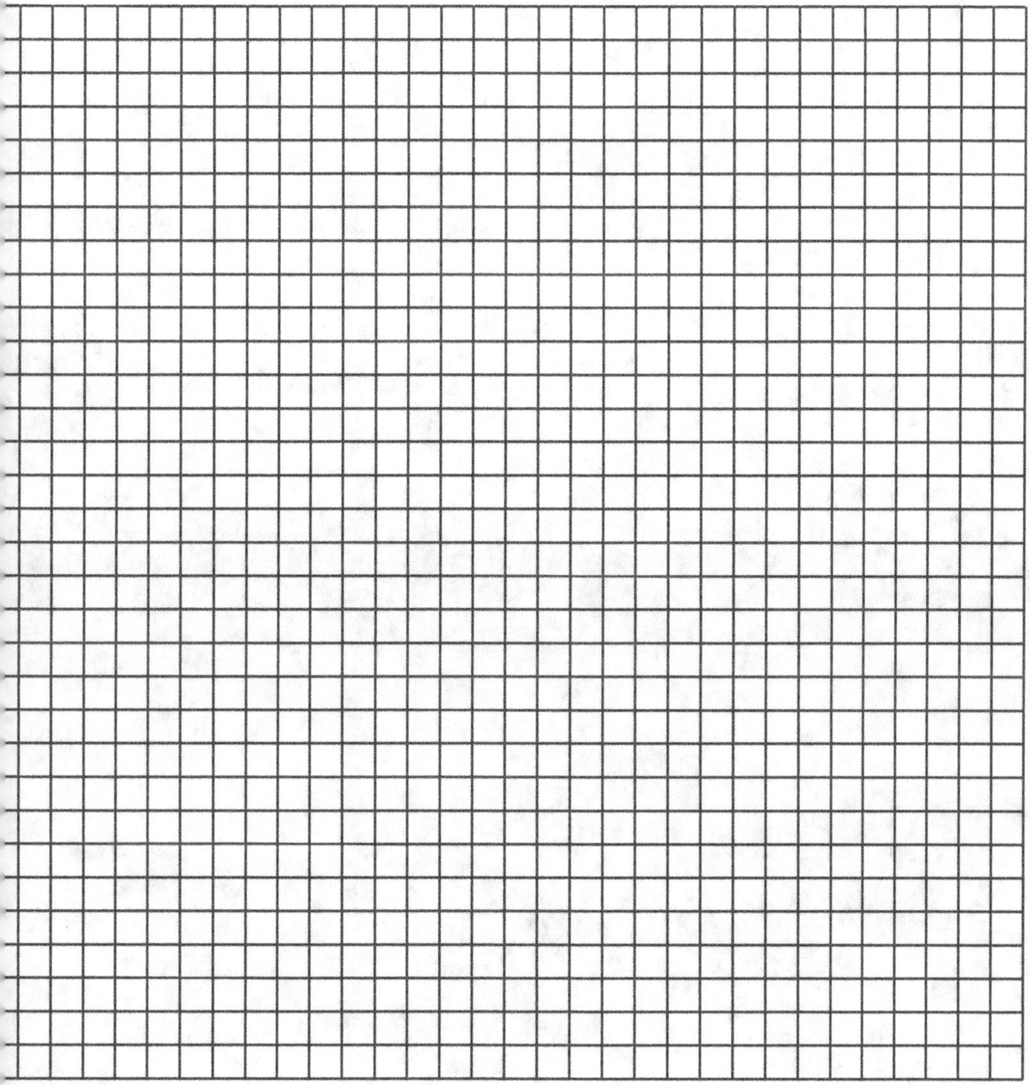

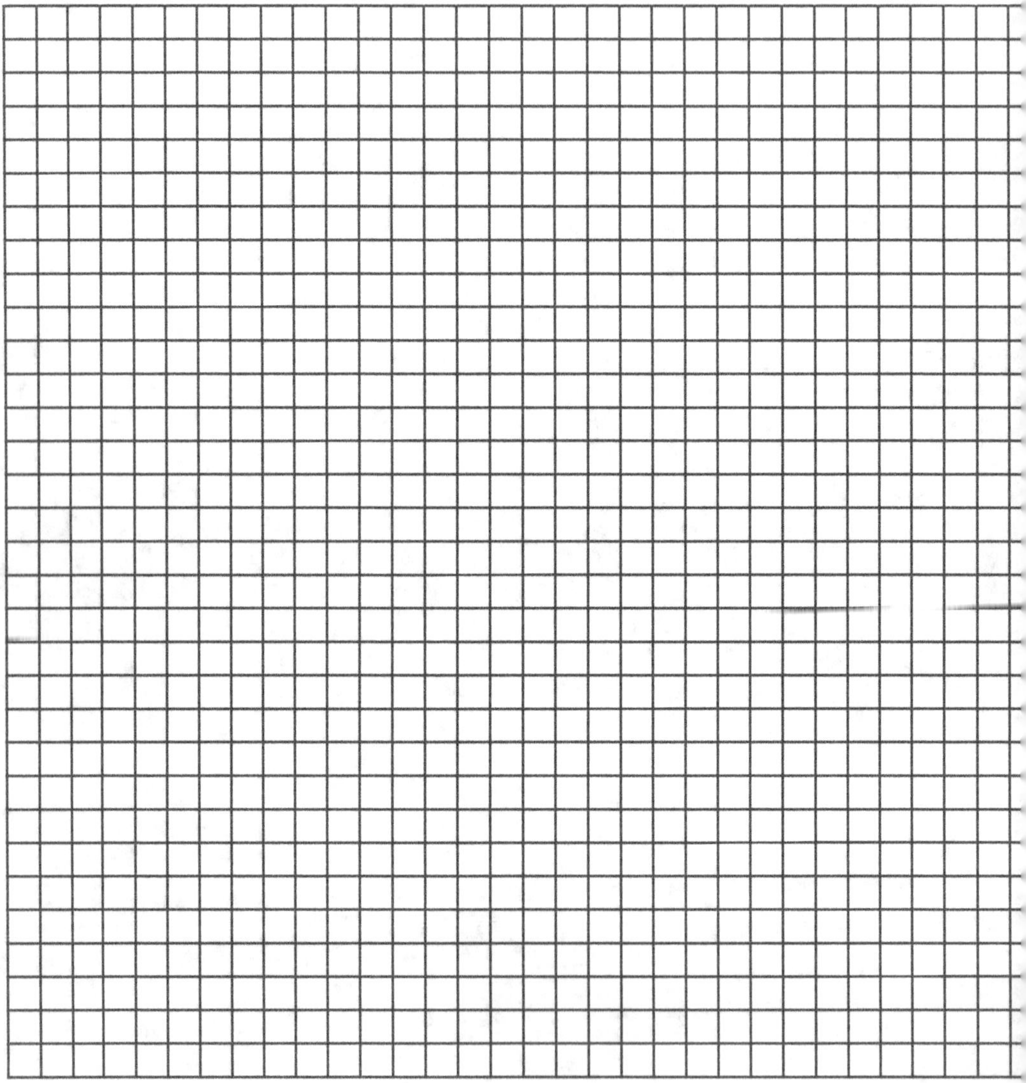

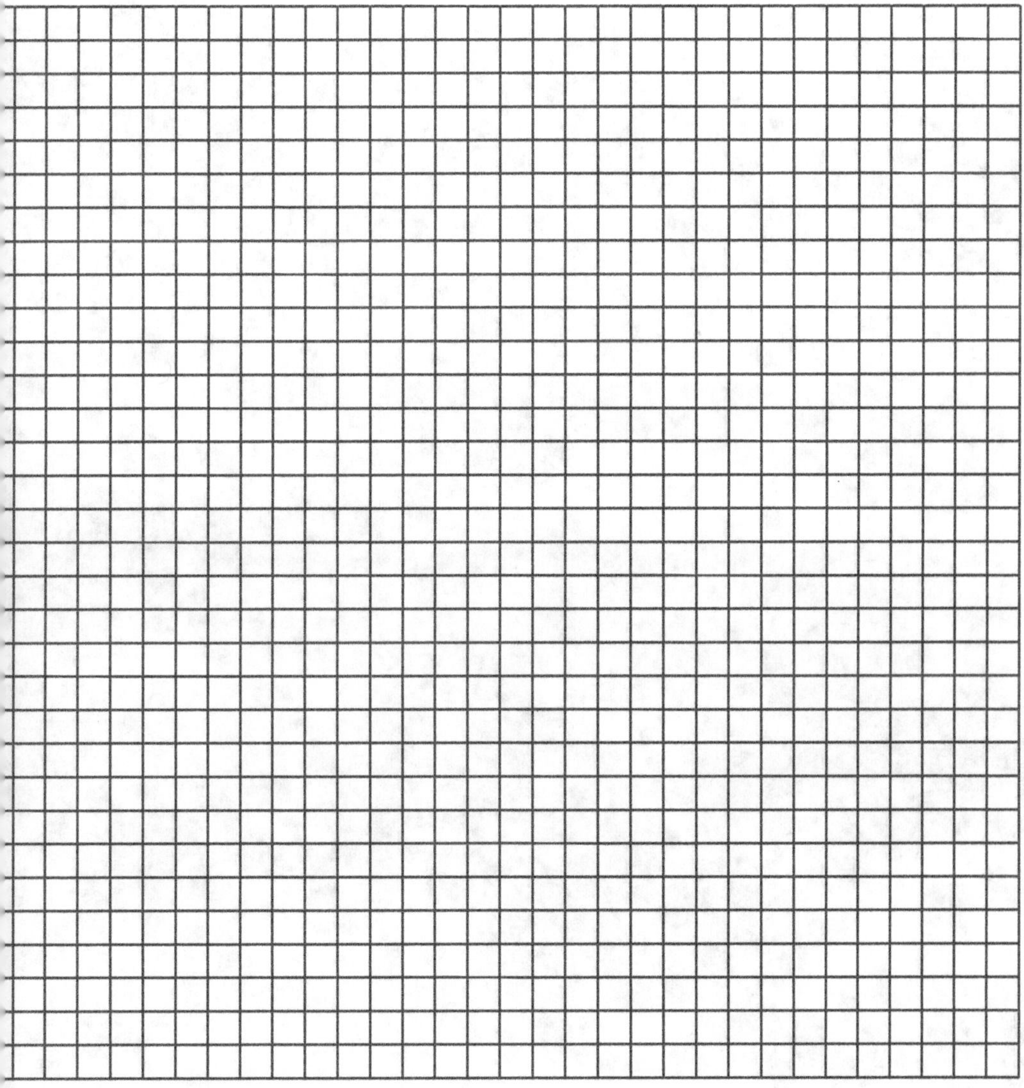

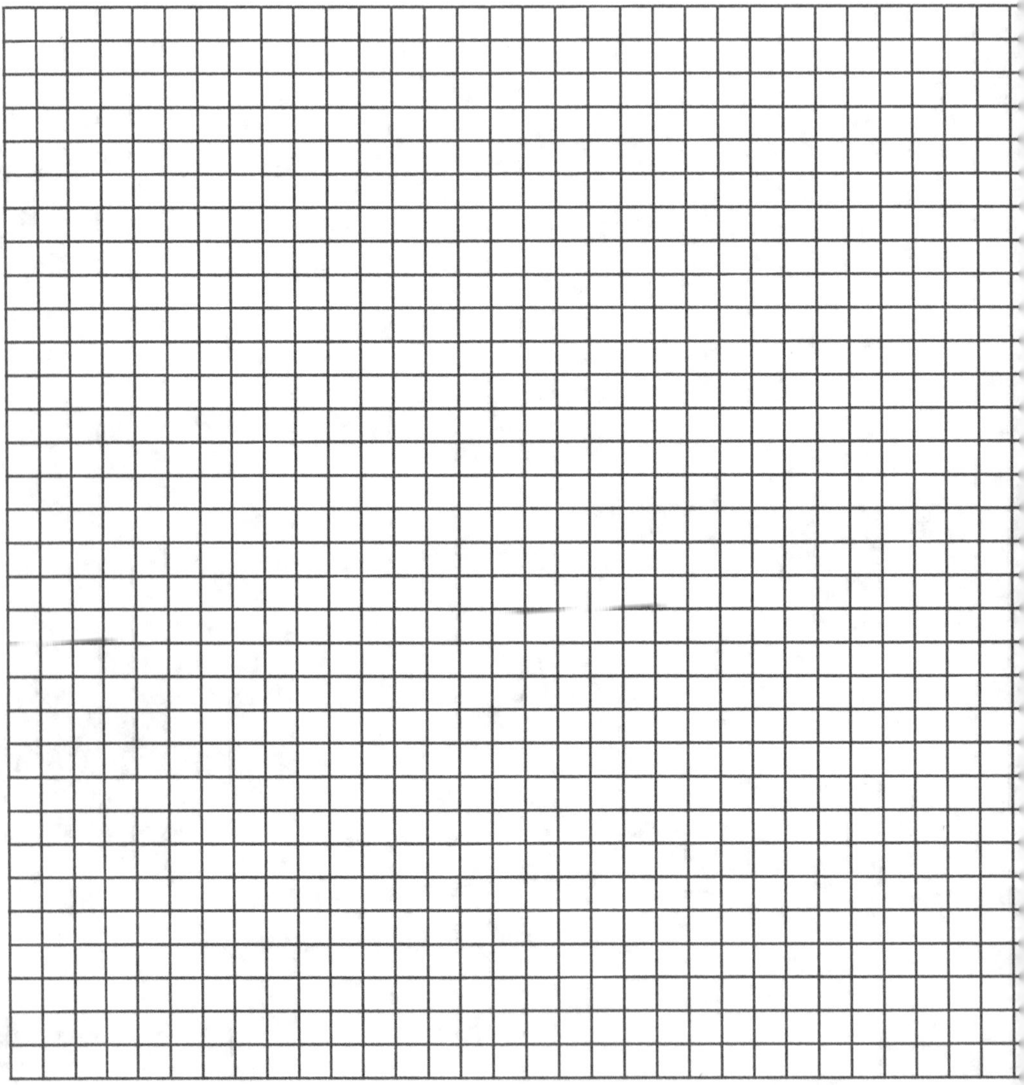

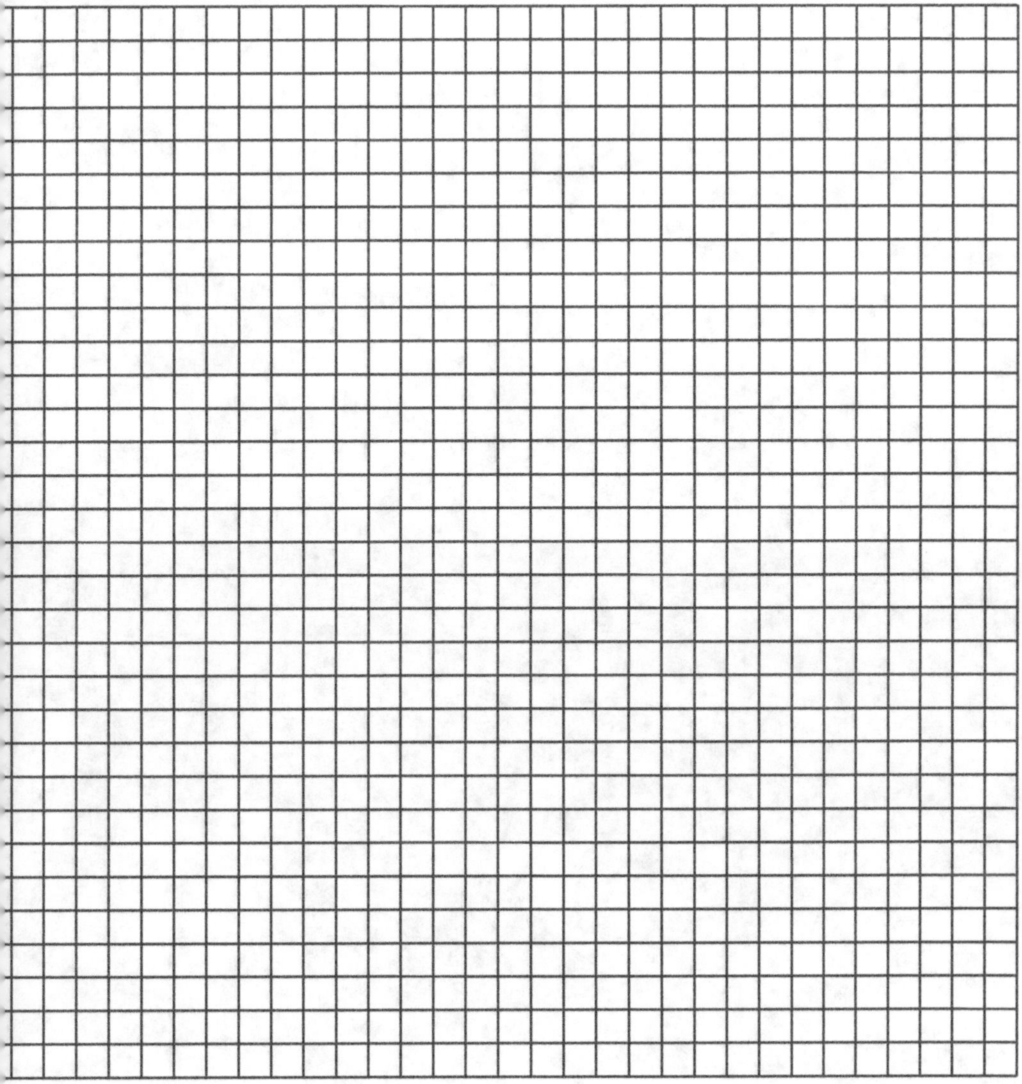

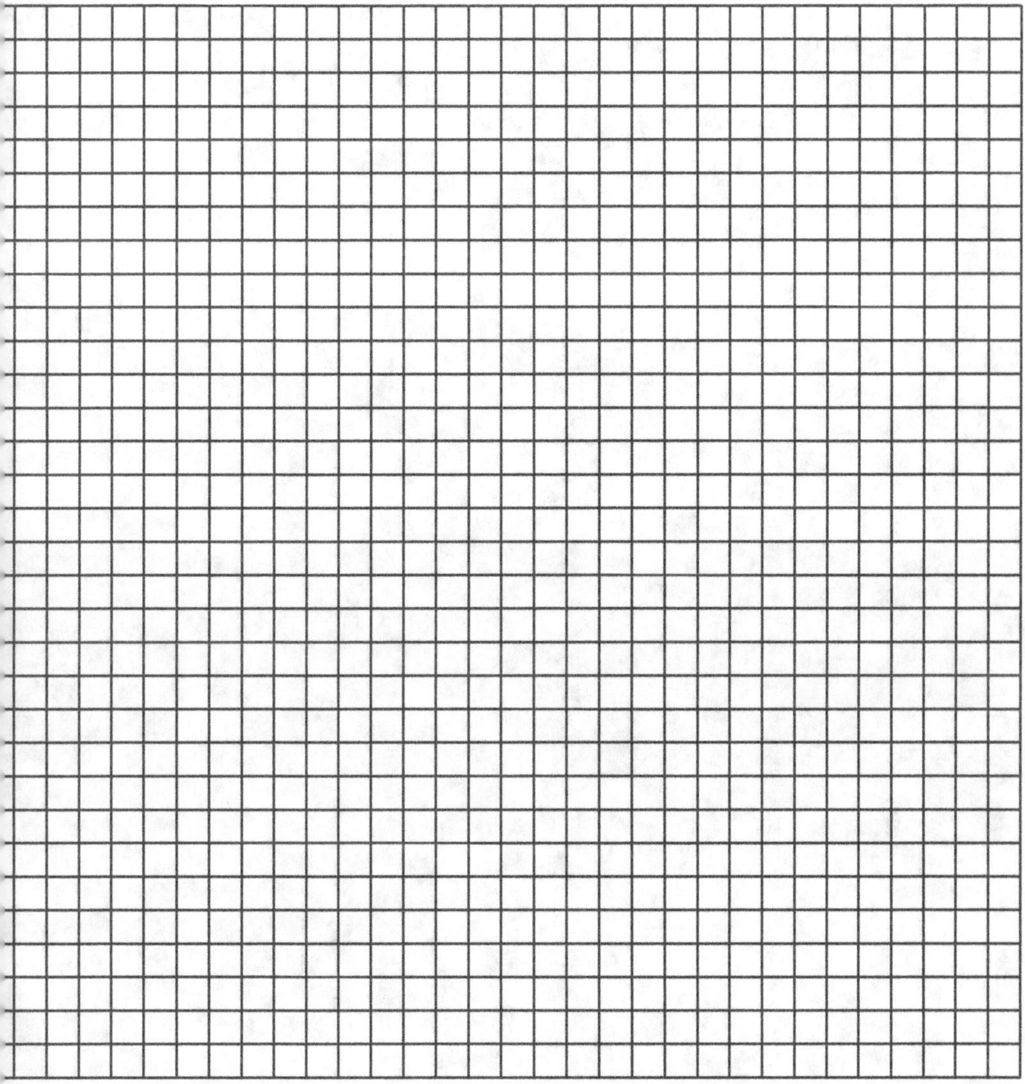

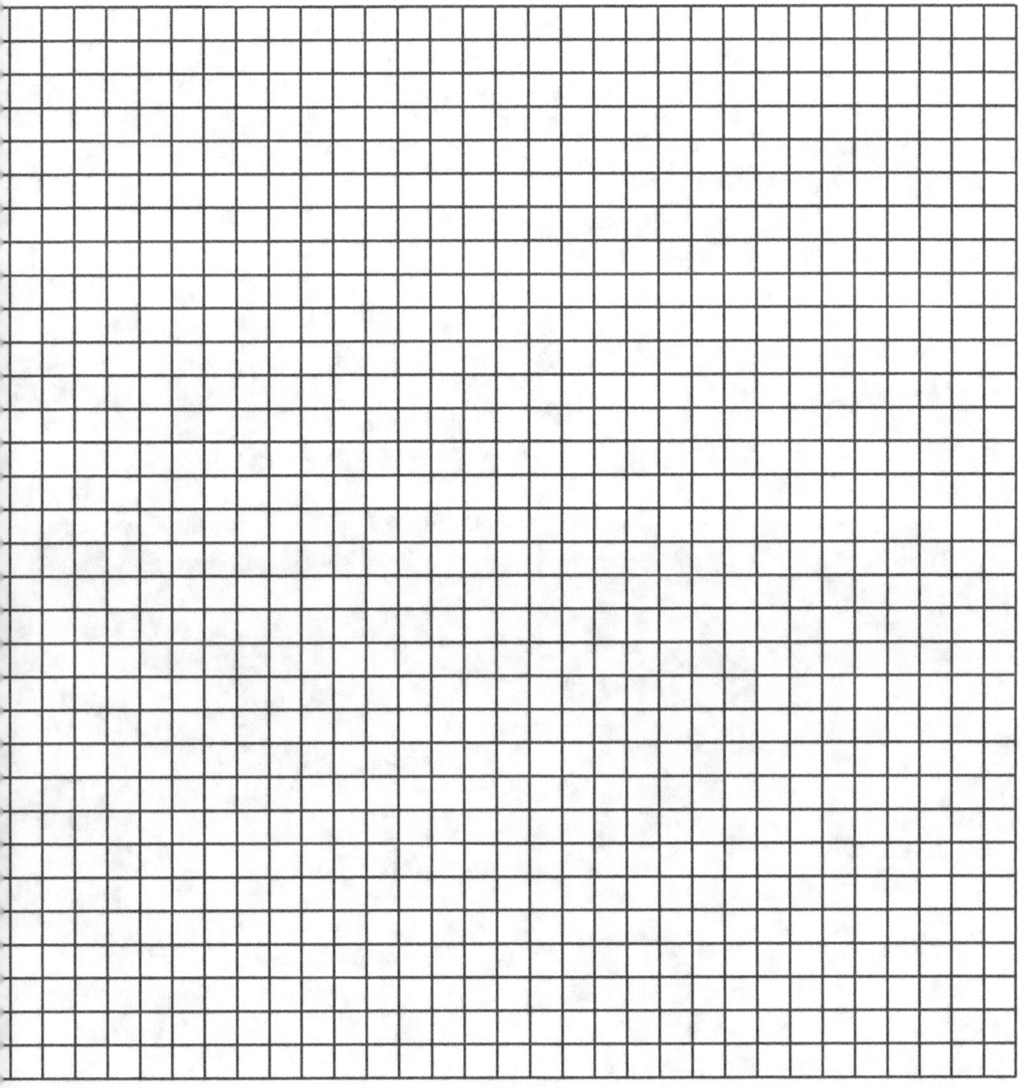

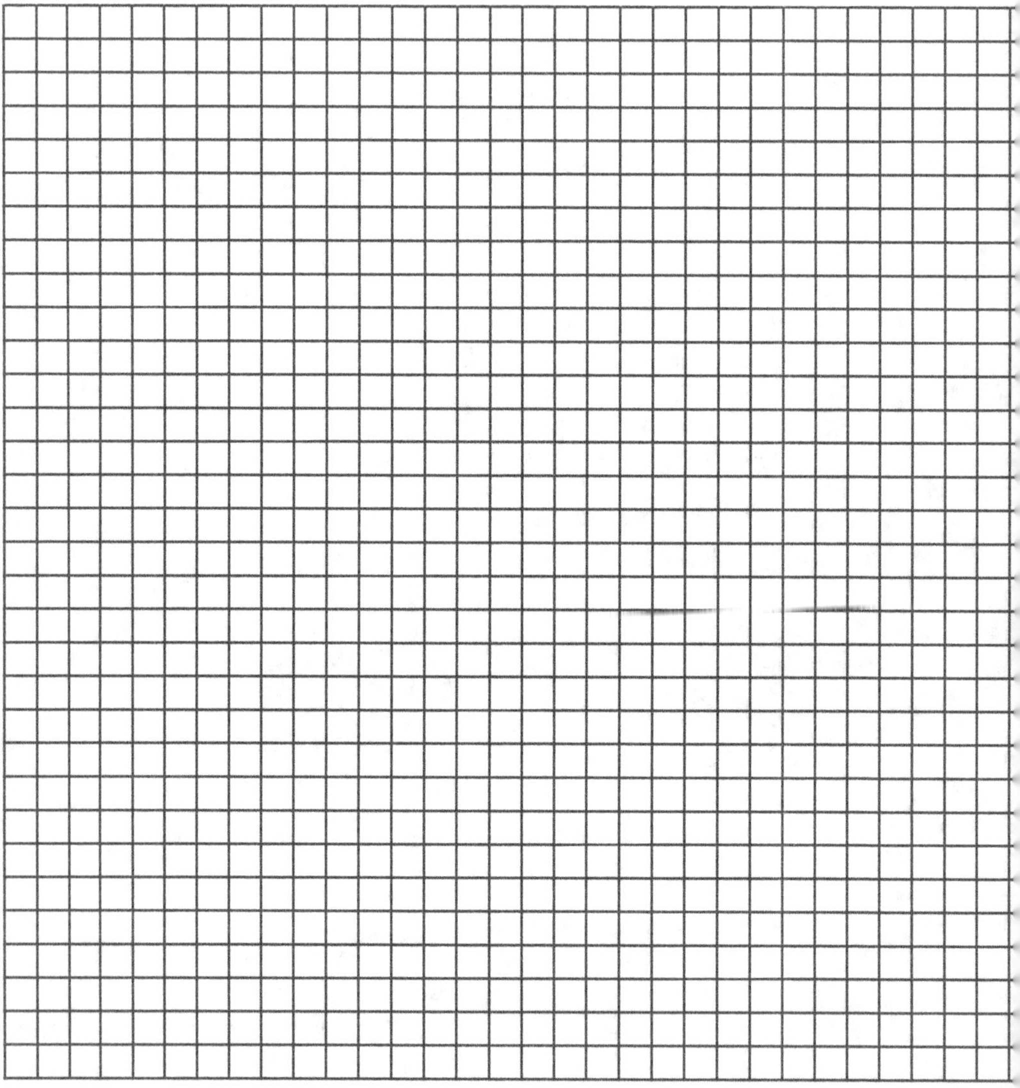

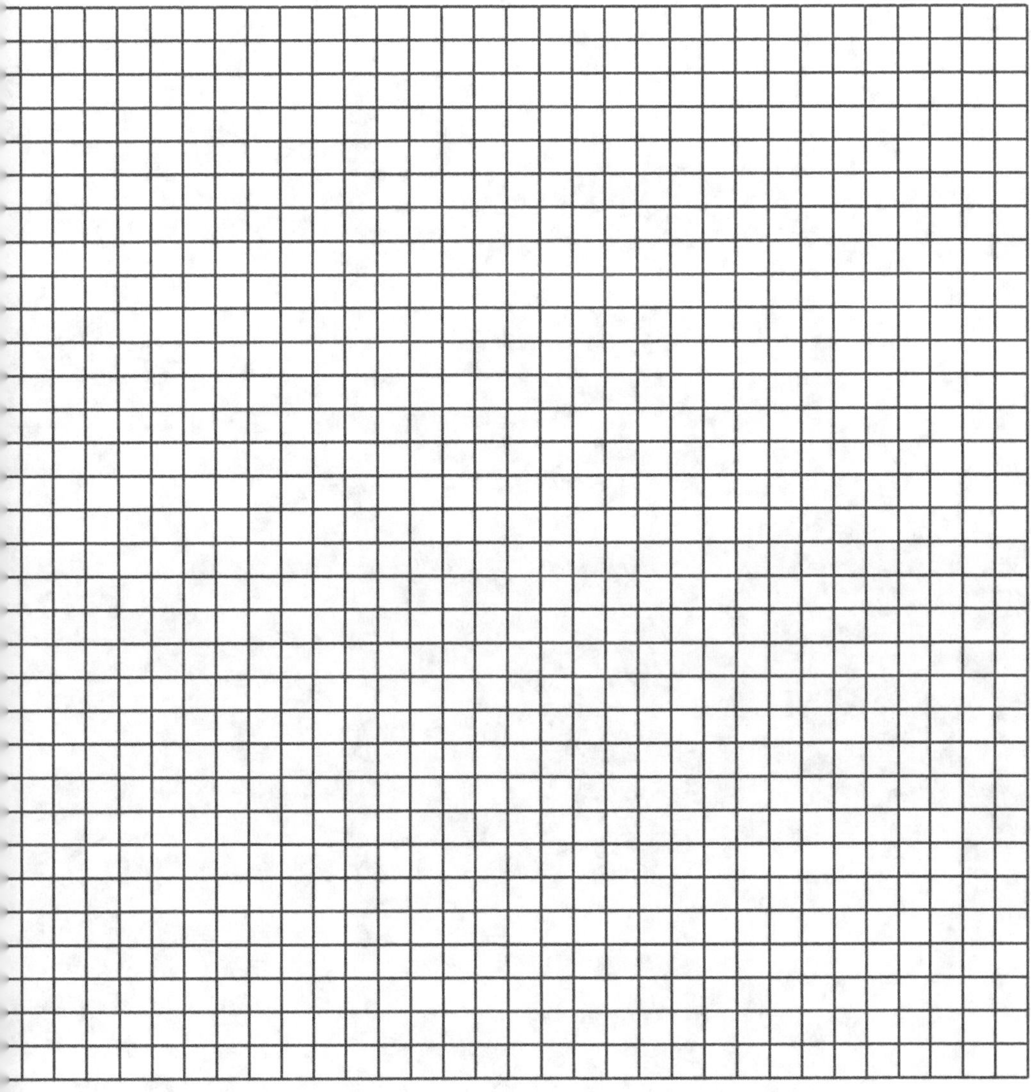

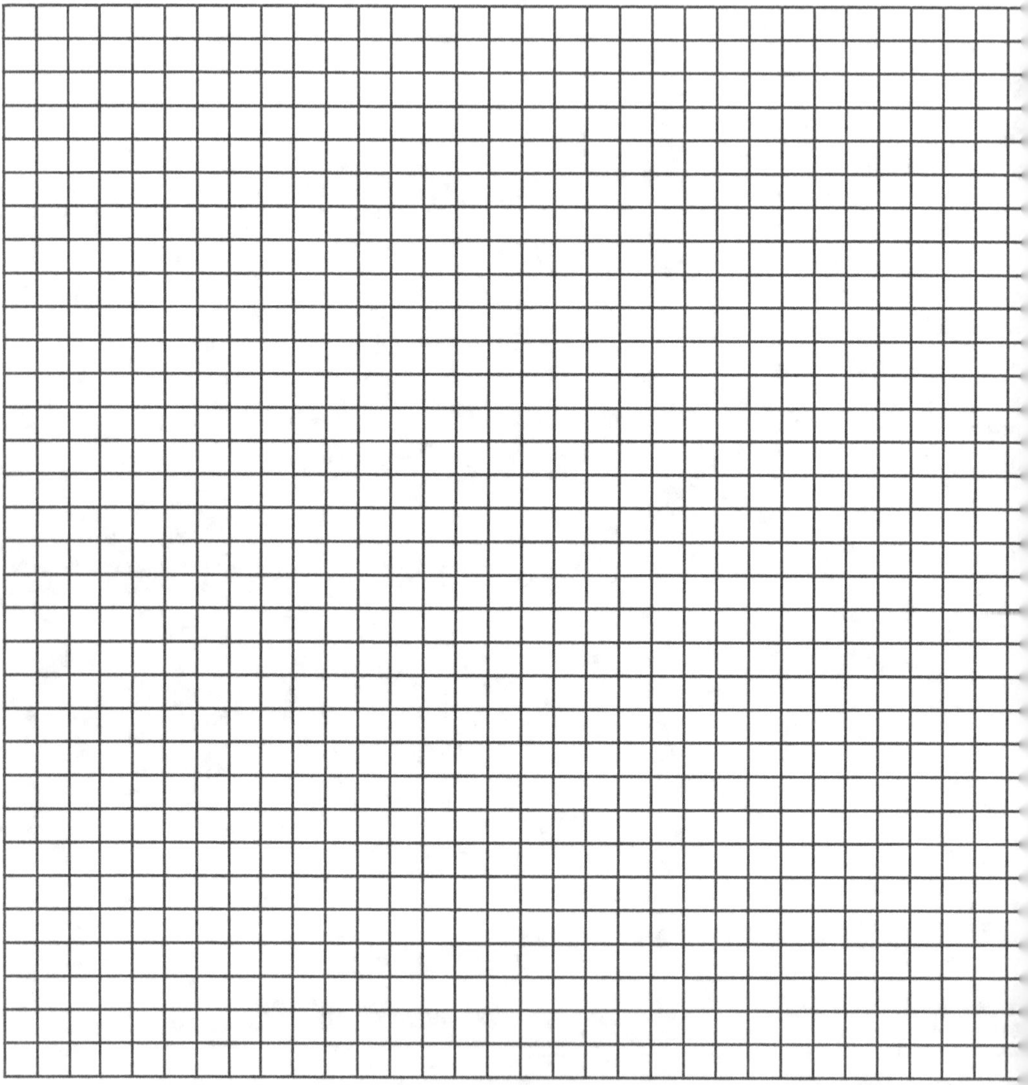

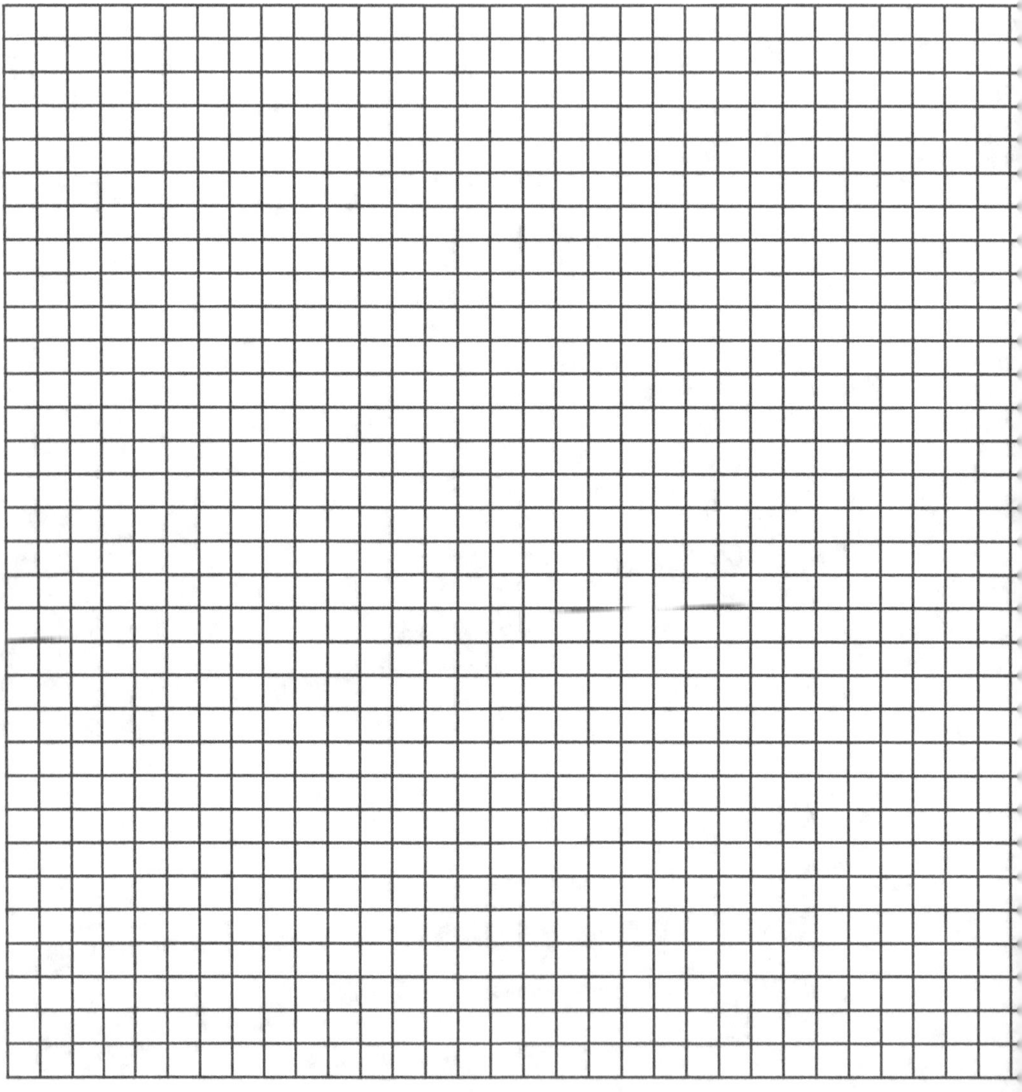

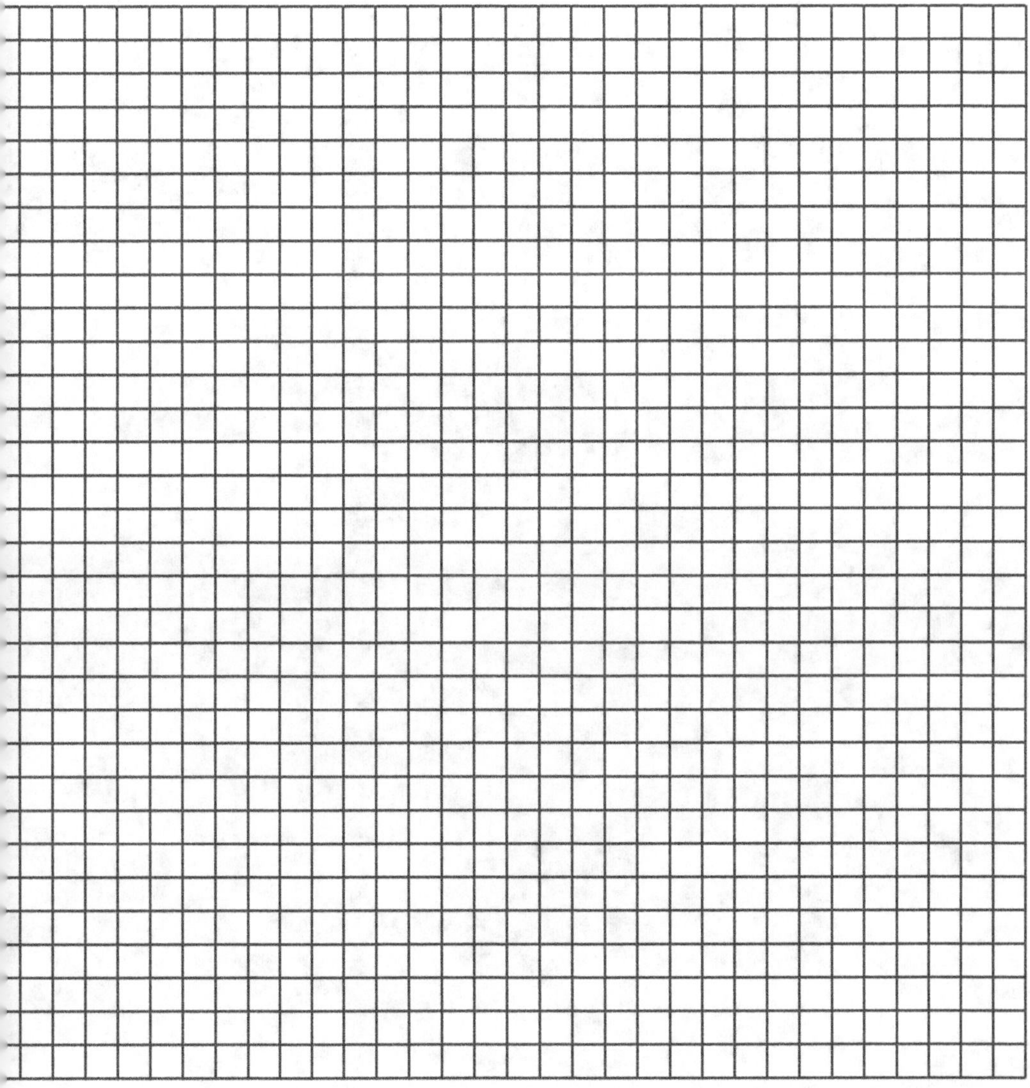

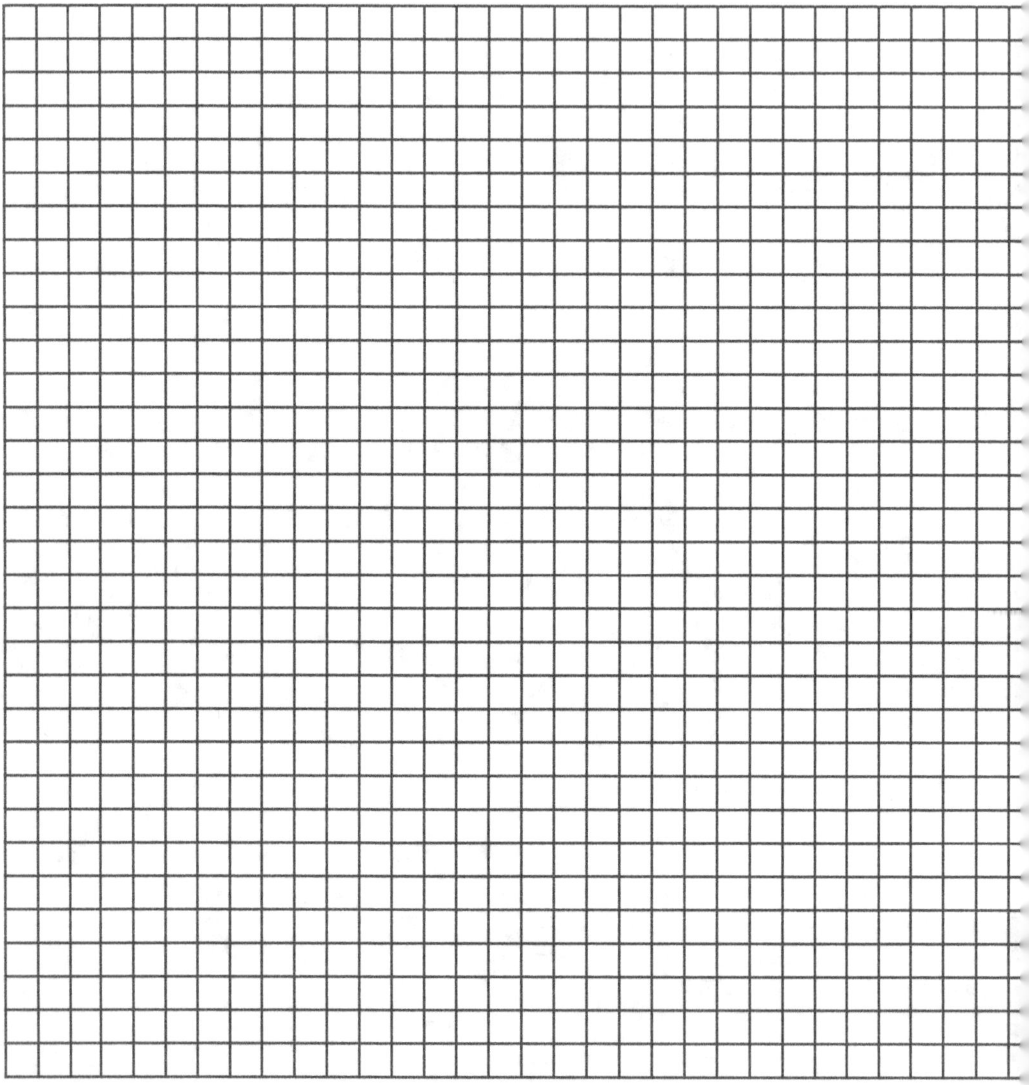

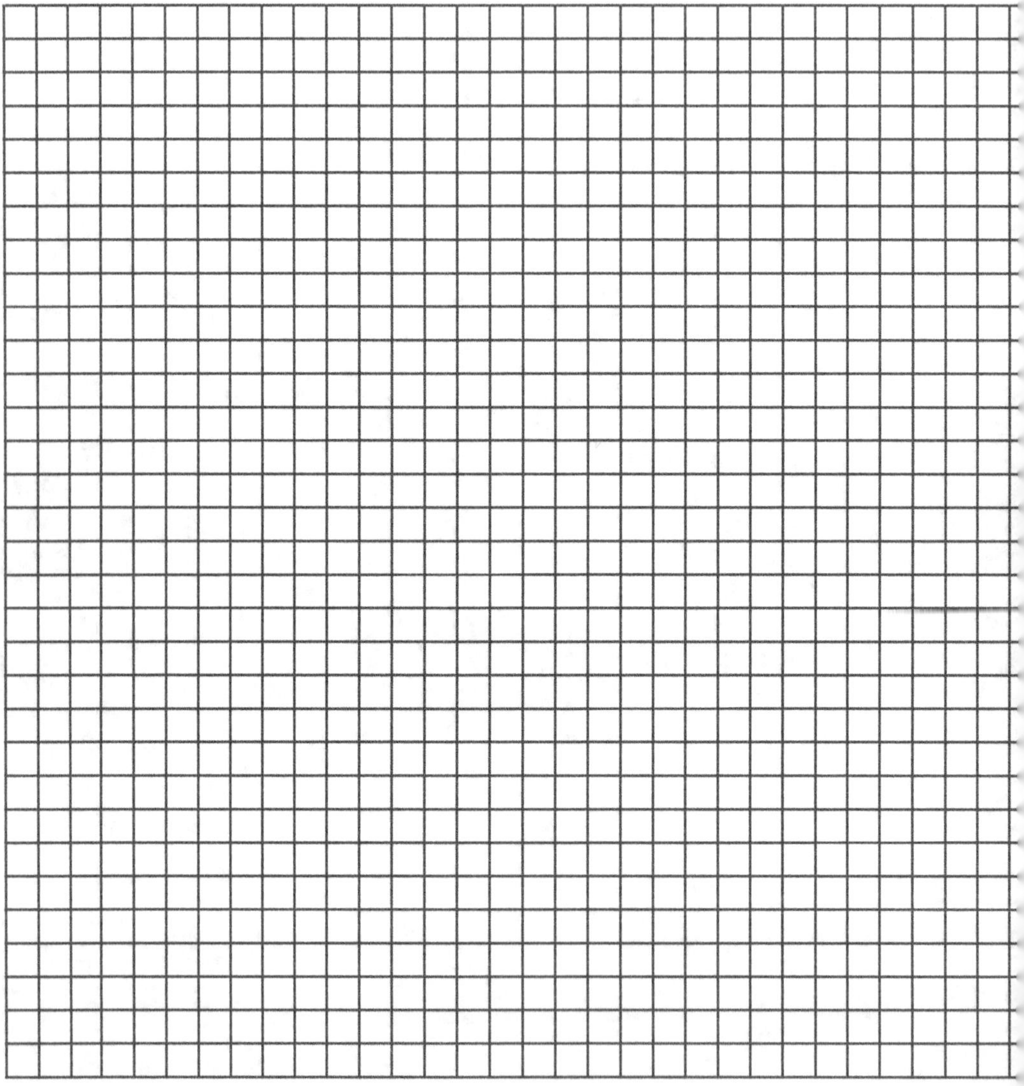

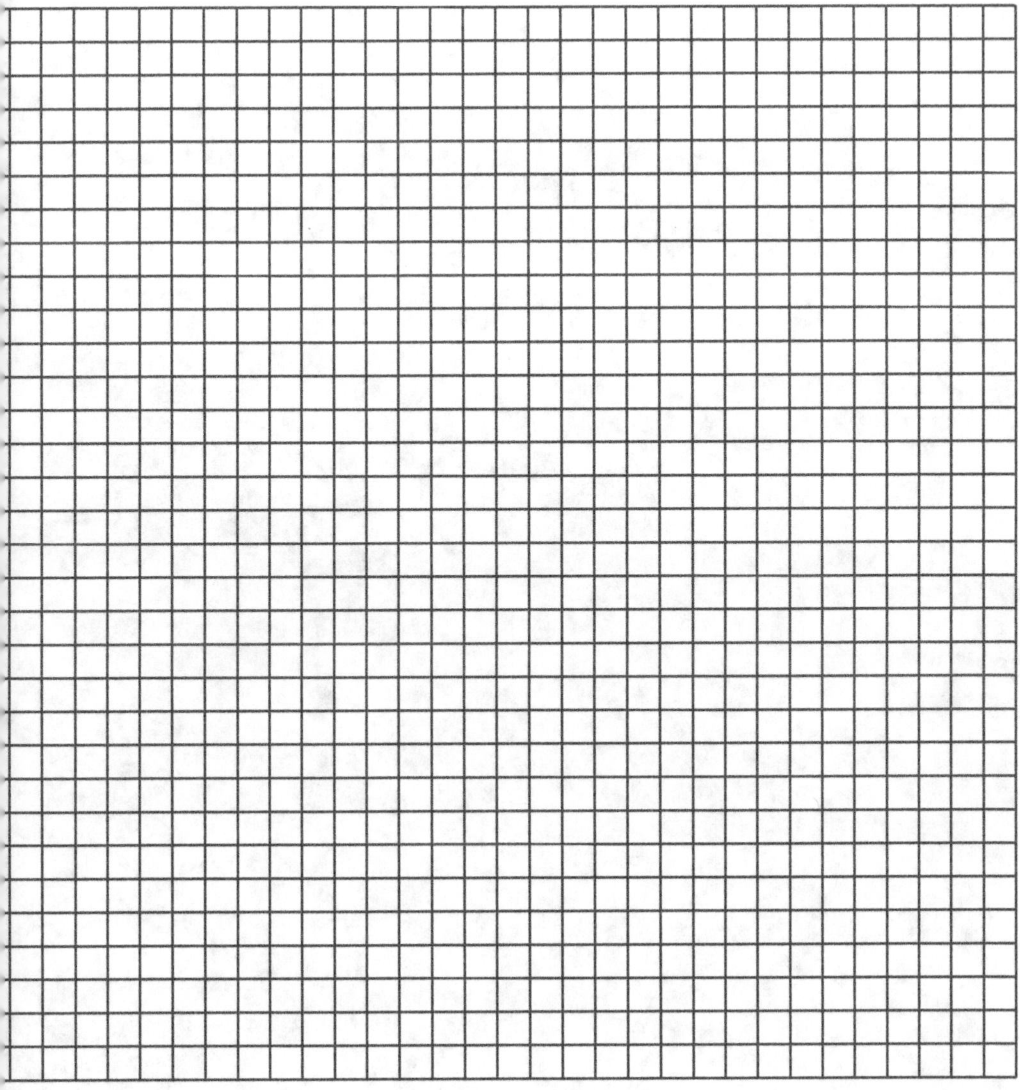

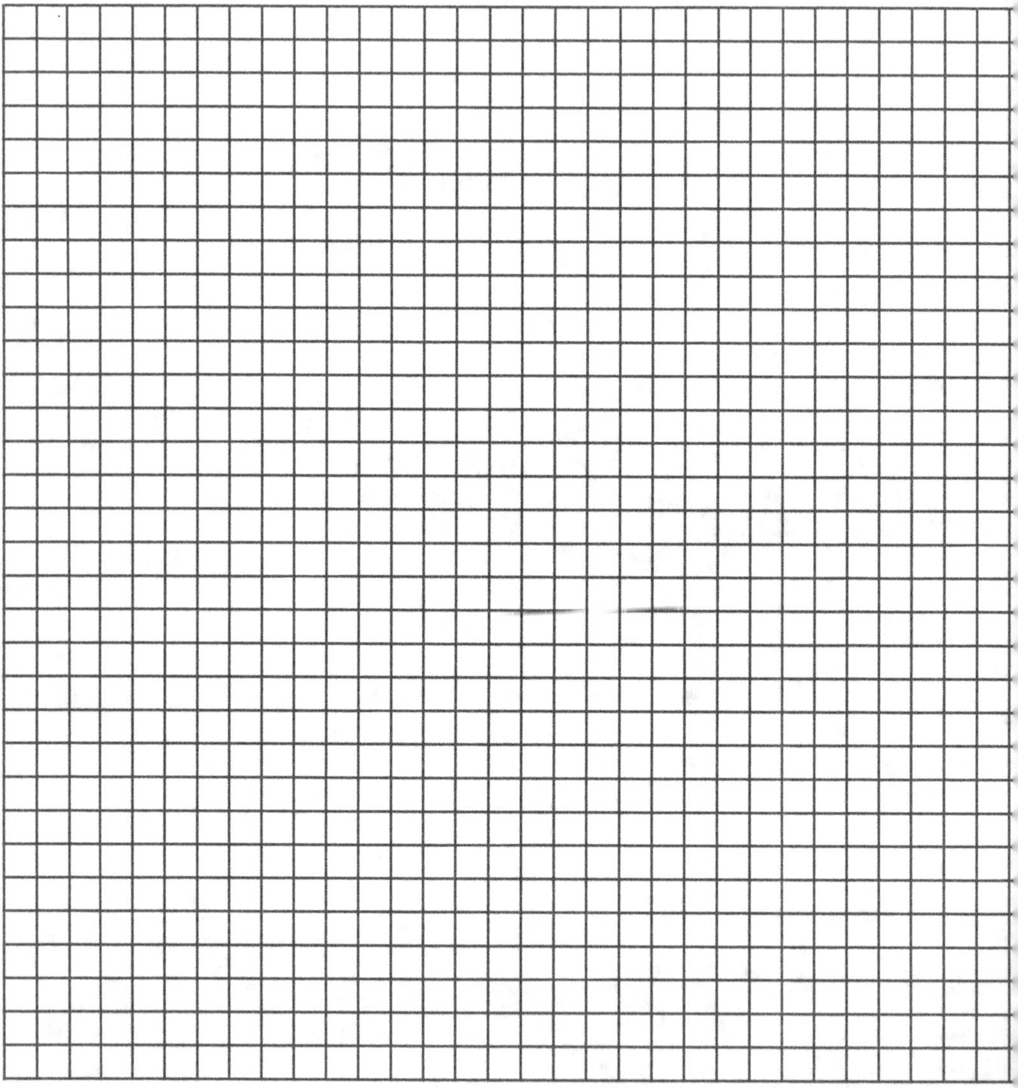

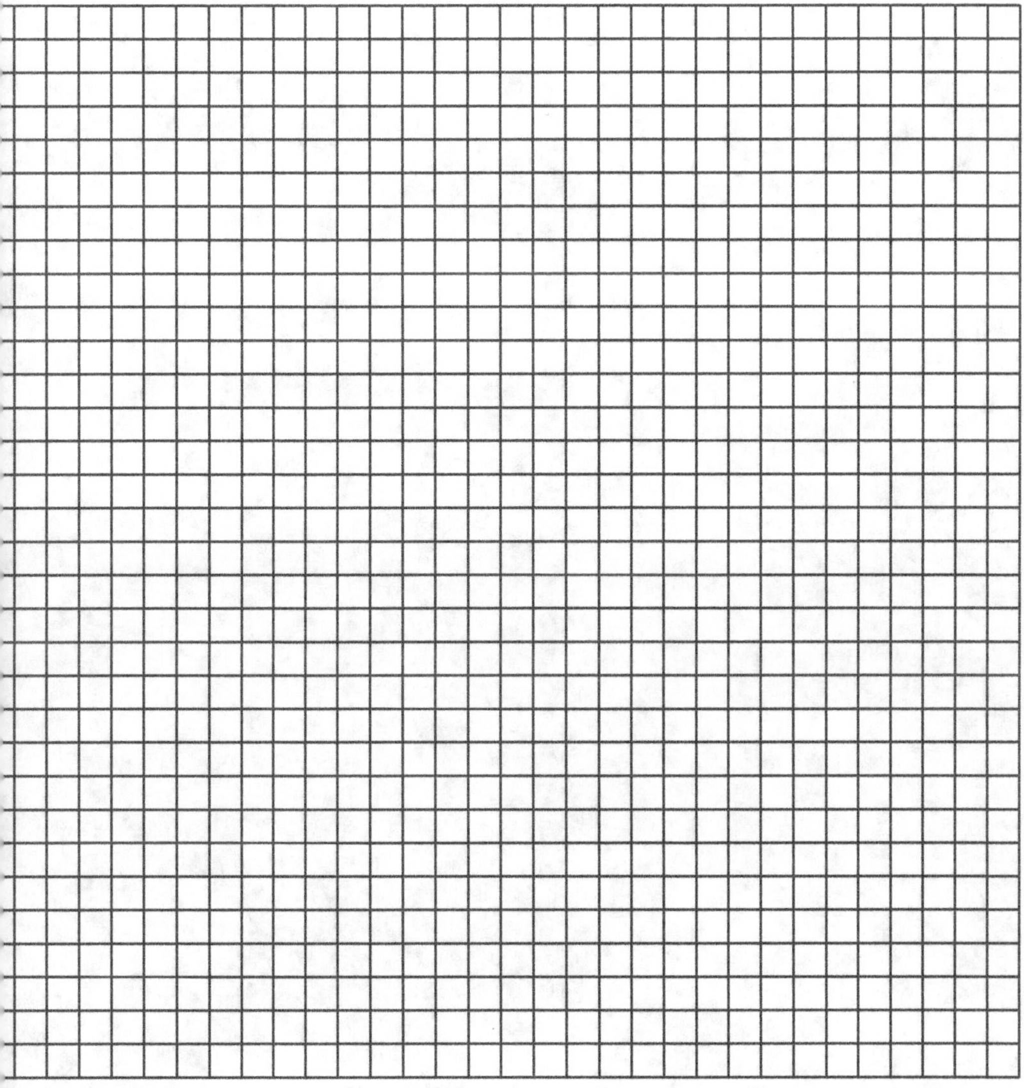

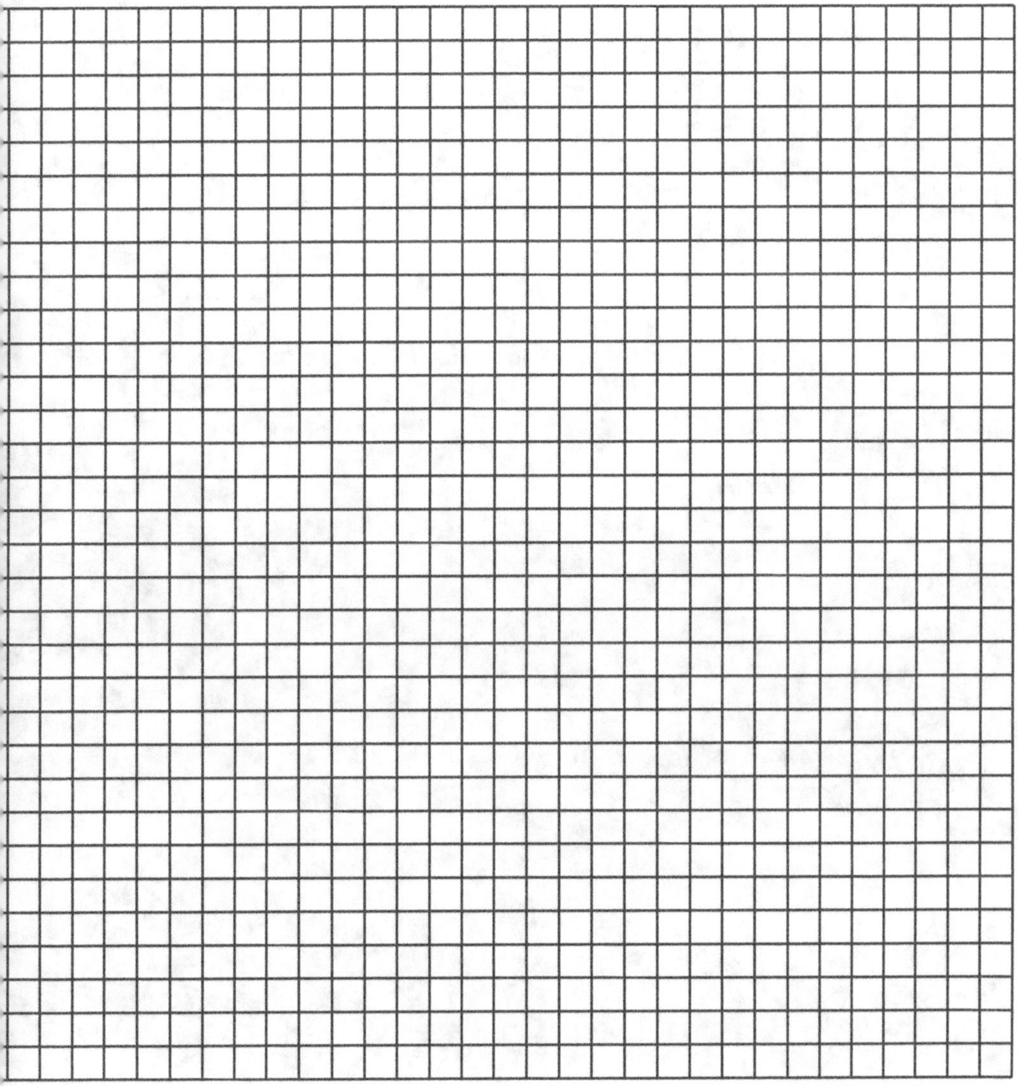

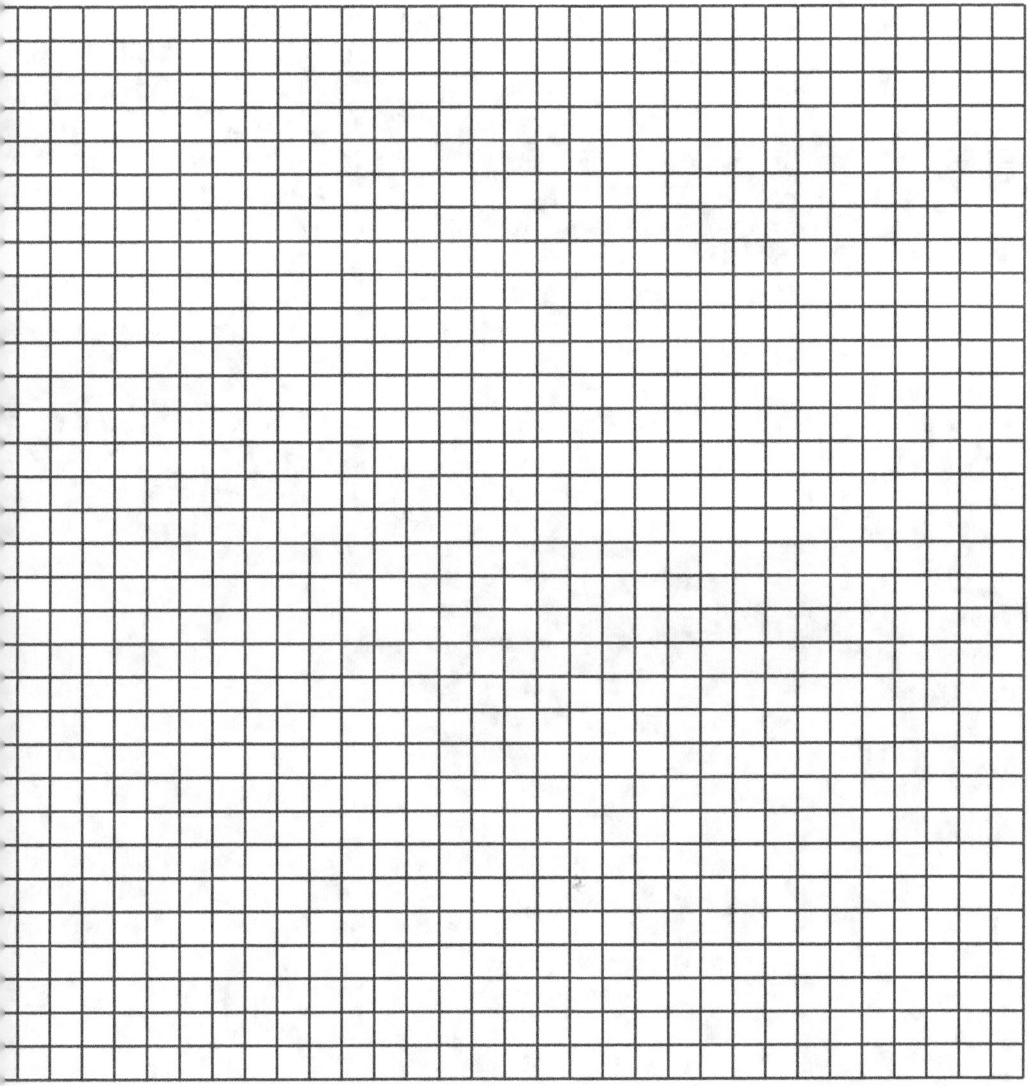

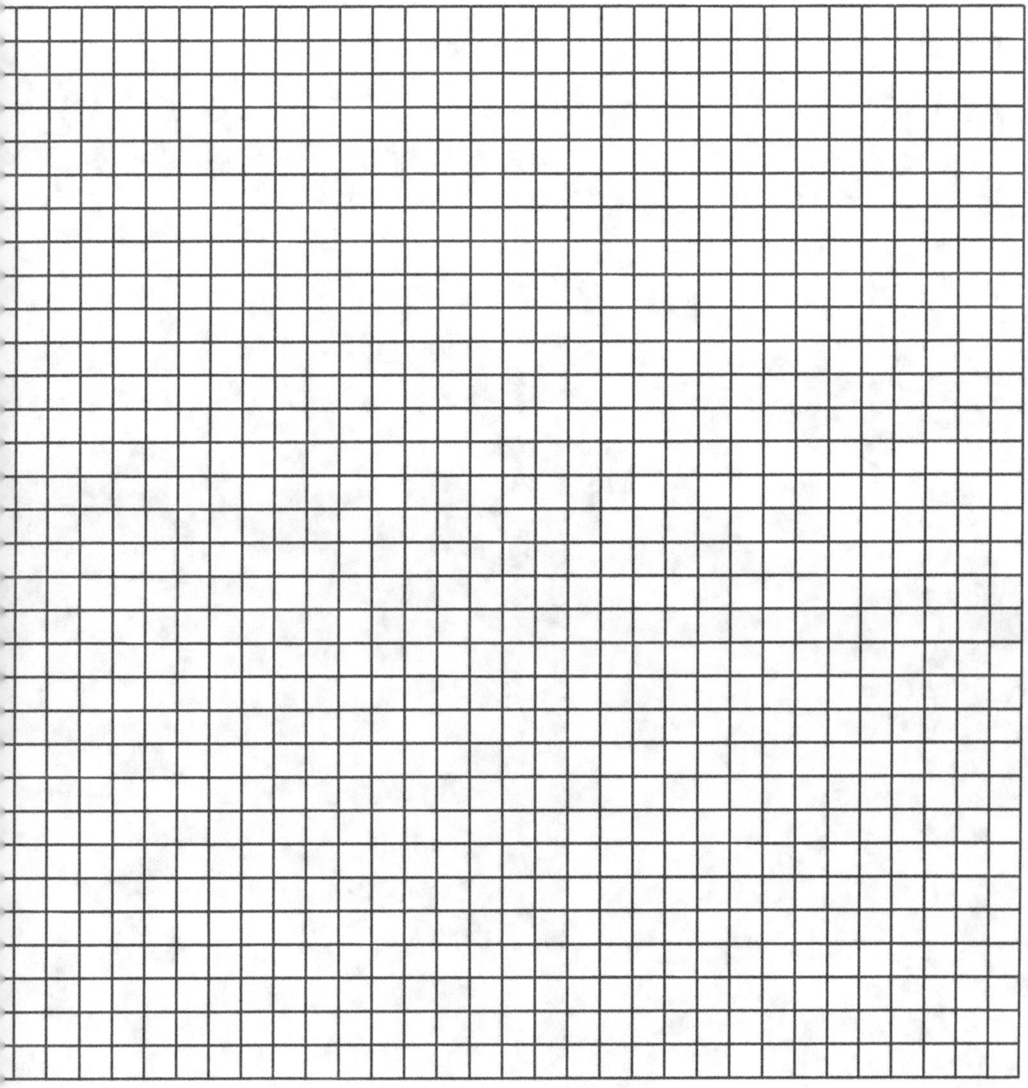

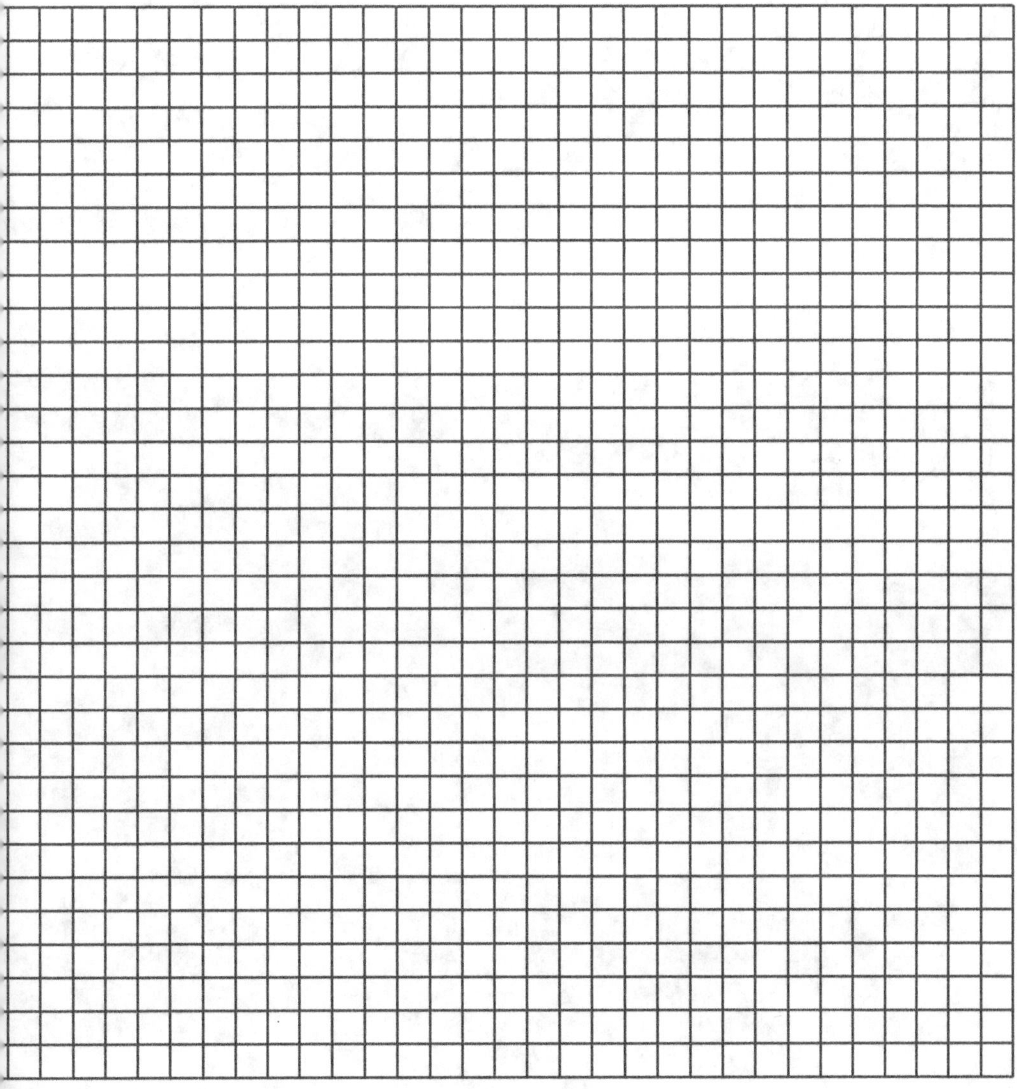

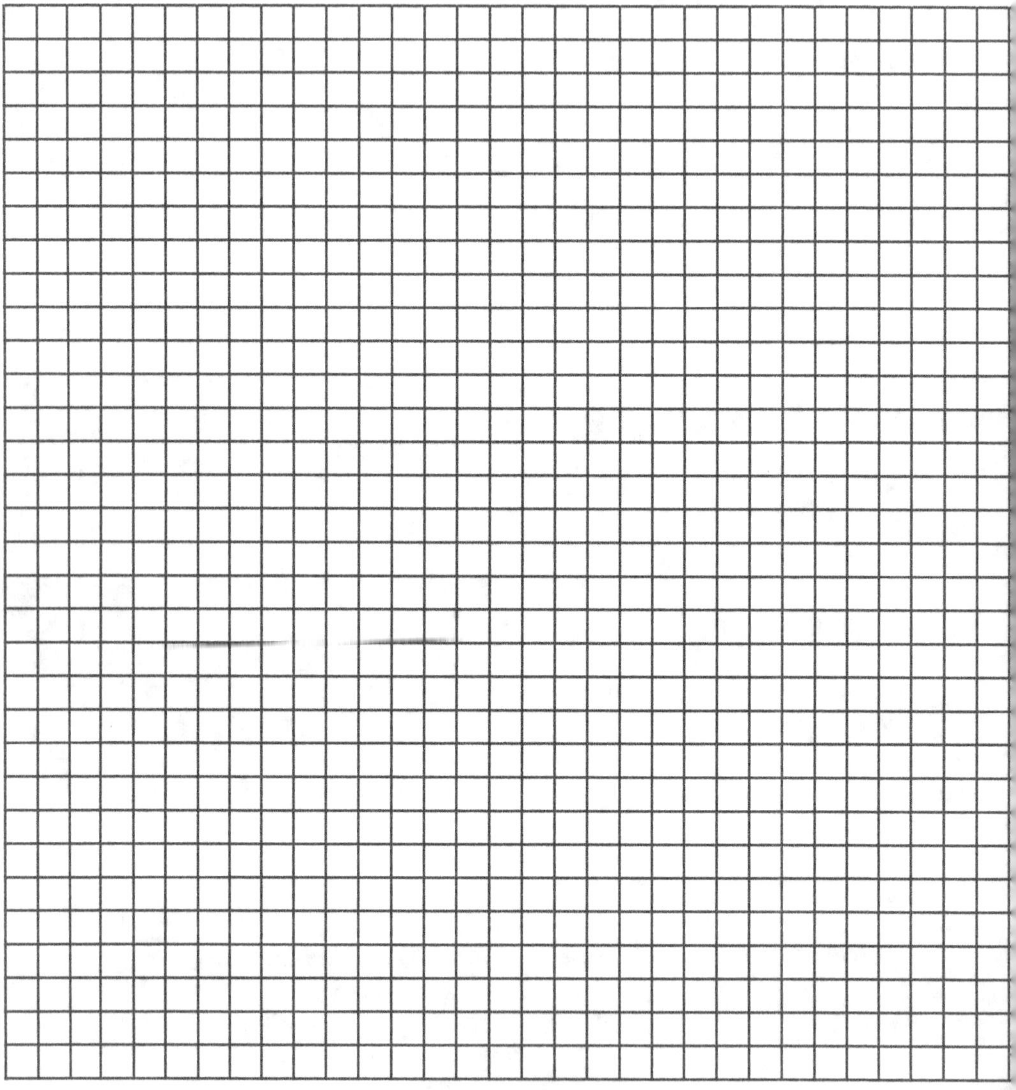

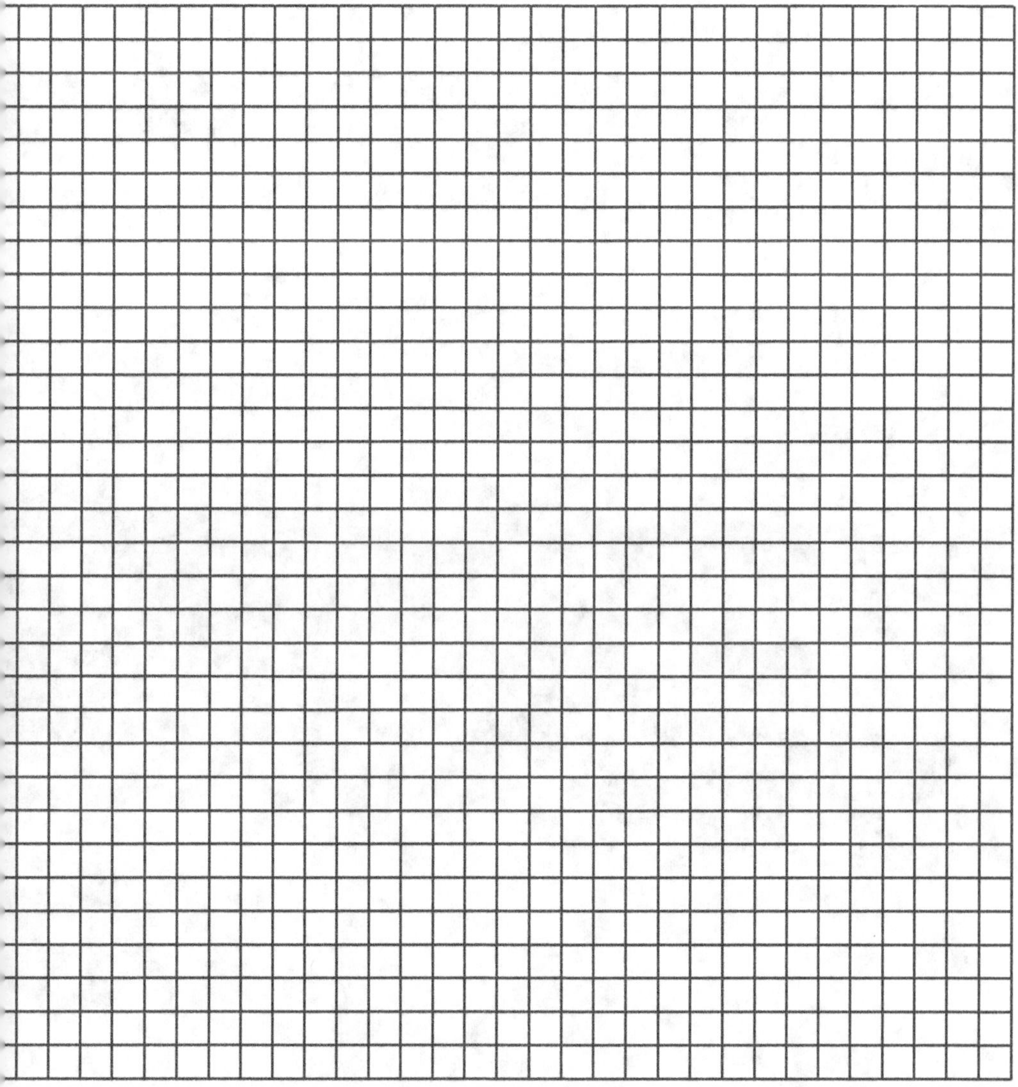

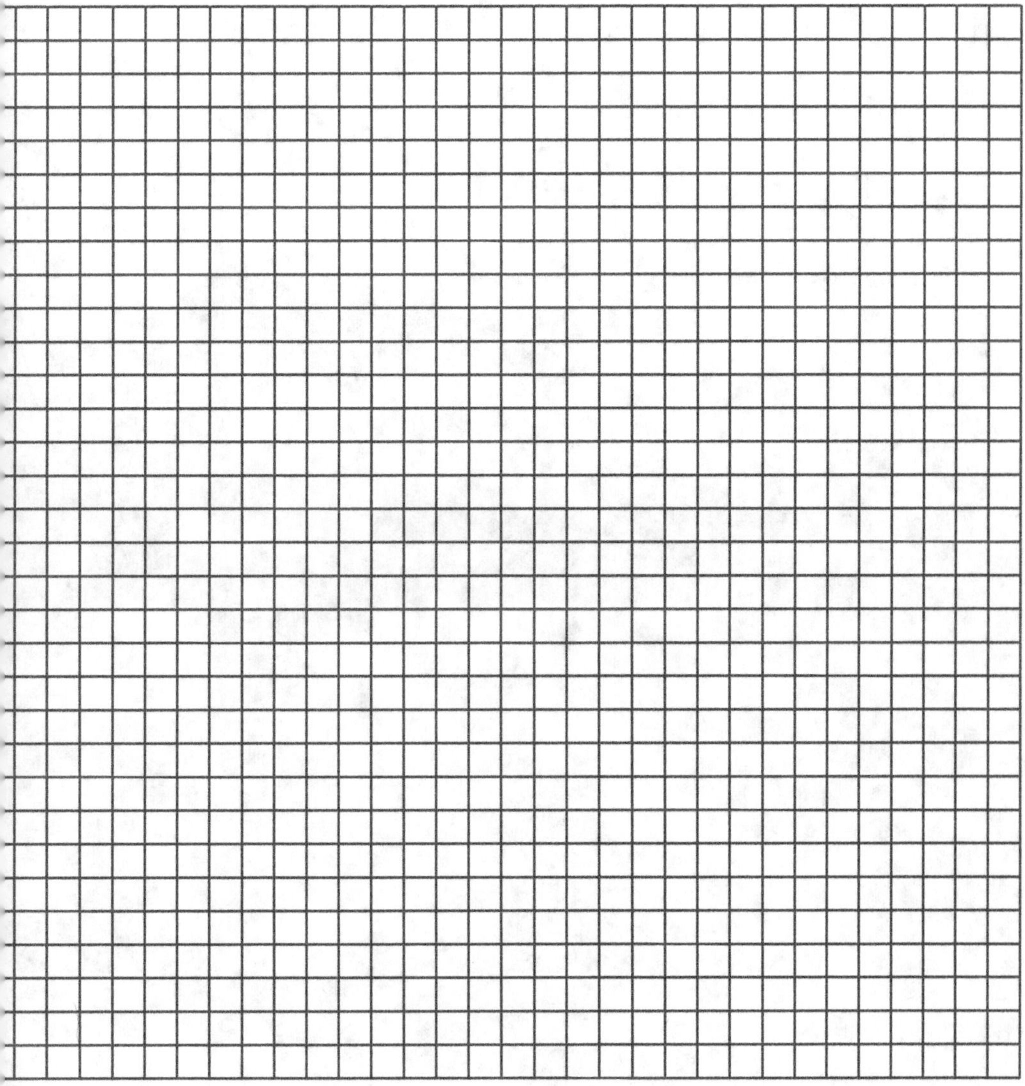

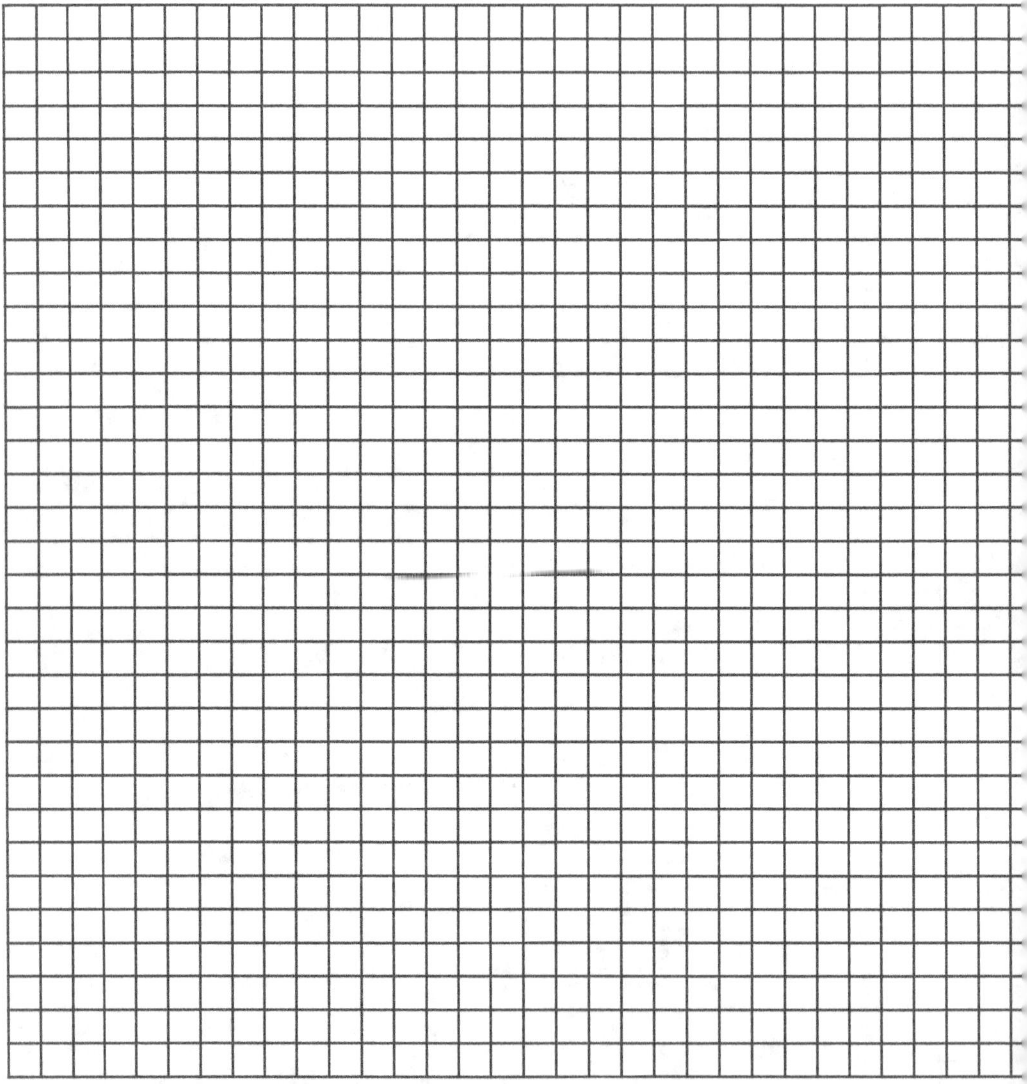

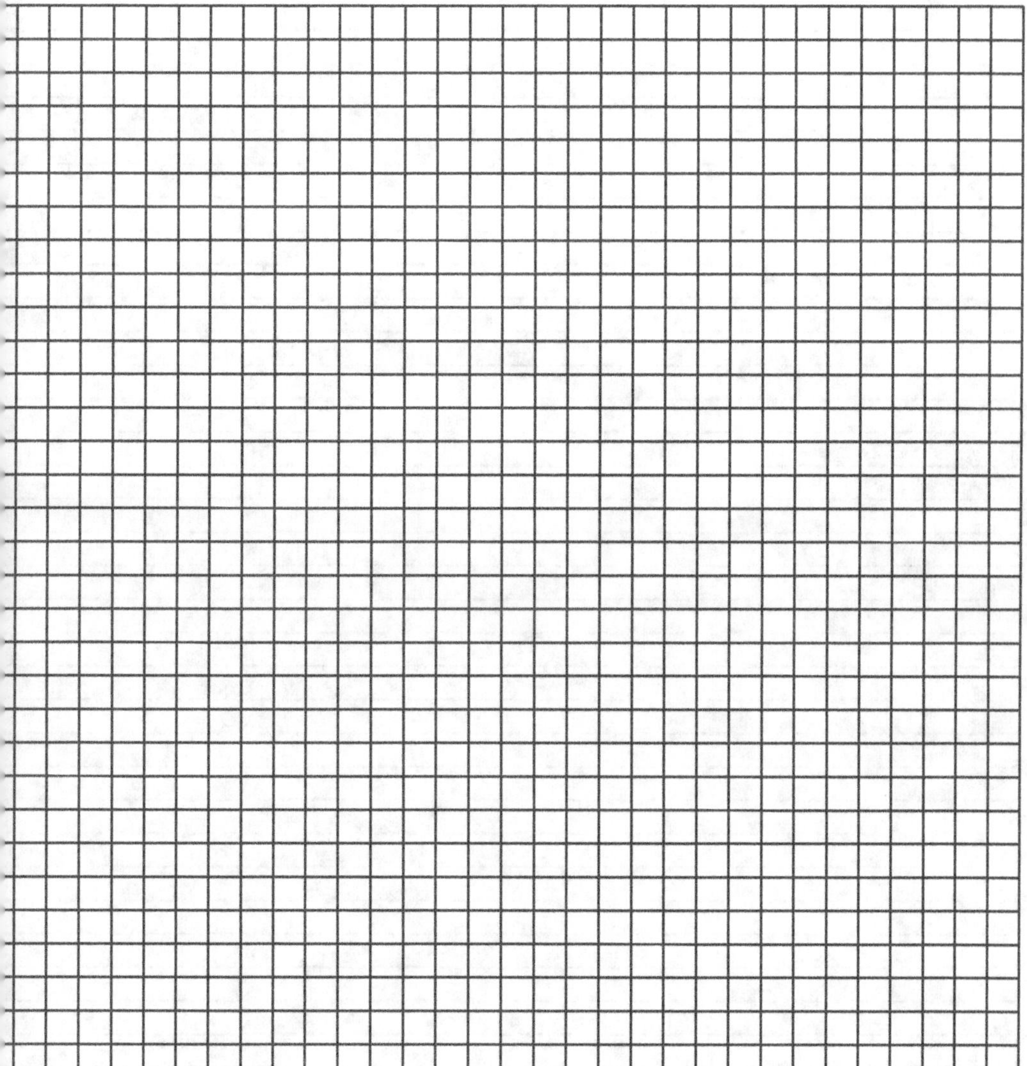

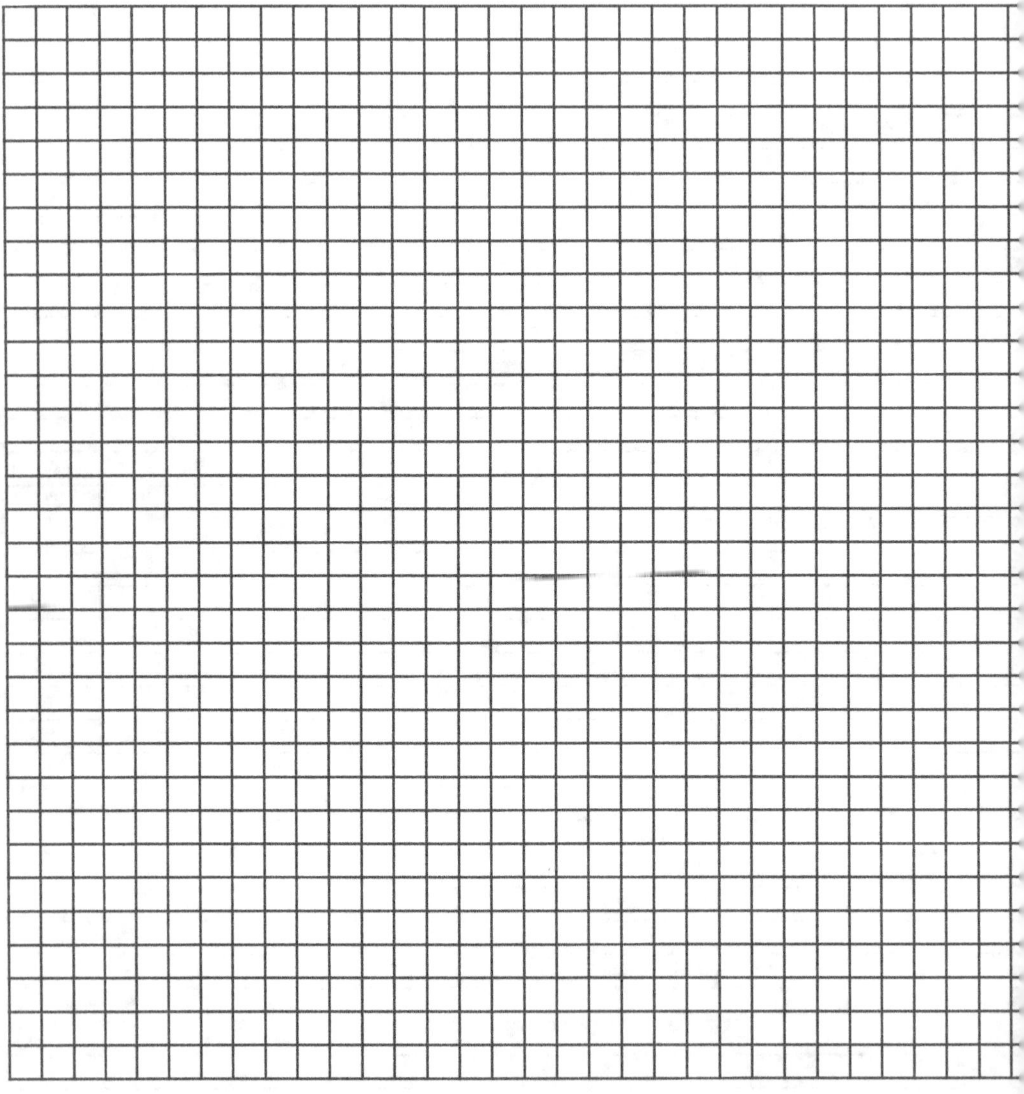

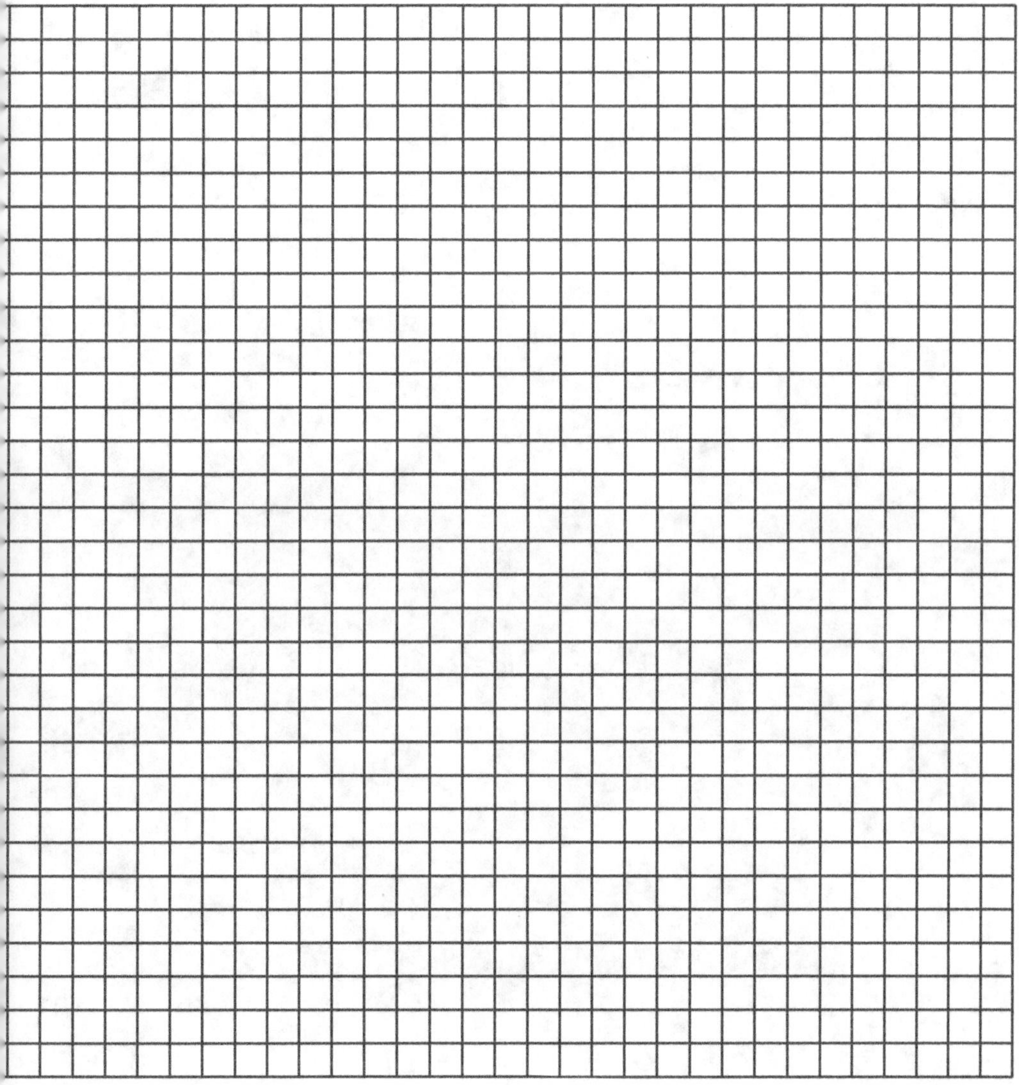

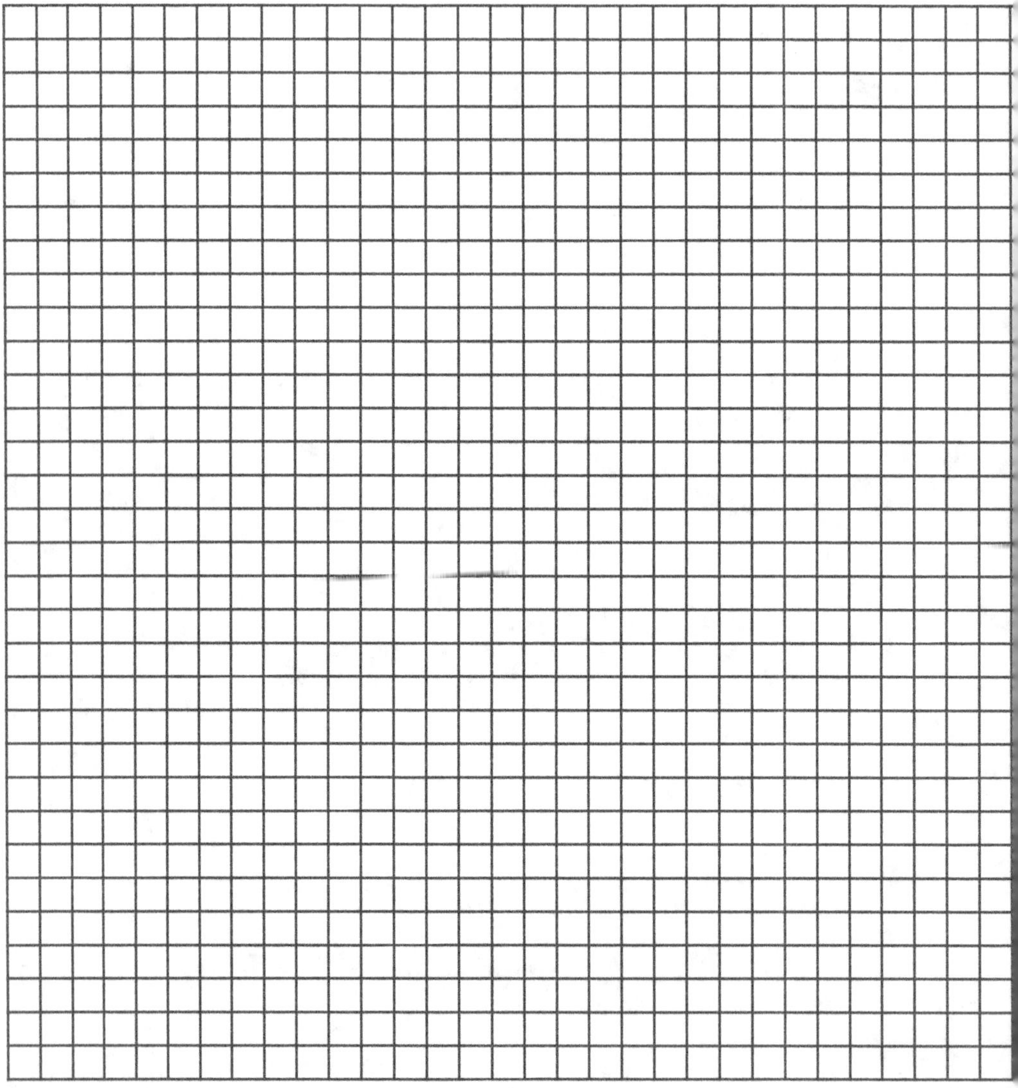

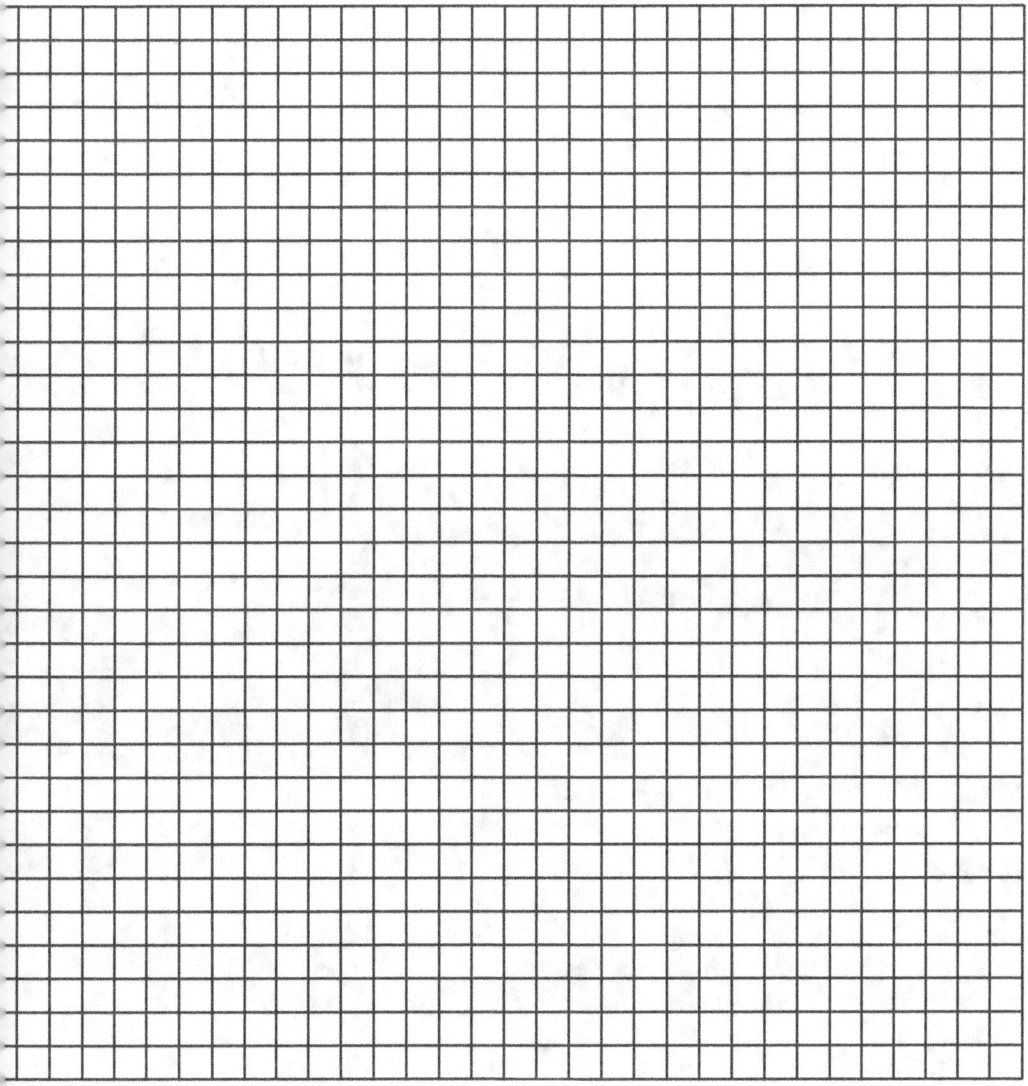

www.ingramcontent.com/pod-product-compliance
Lightning Source LLC
Chambersburg PA
CBHW072028190526
45166CB00015B/901
* 9 7 8 1 4 7 1 0 4 4 6 9 4 *